U0932835

"十三五"国家重点图书出版规划项目

Translation Series on the International Law of the Sea

世界海洋法译丛

美洲卷

I

张海文　李红云

·主编·

青岛出版社

《世界海洋法译丛》编译委员会

主　　任　张海文

副 主 任　李红云　张桂红　黄　影

委　　员　王居乔　王　娟　王莘子　宁　佳　白　雪
祁冬梅　刘煜洲　李　杨　张凯月　杨　涛
李晓宁　张　逸　林益涵　岳　霄　赵　沄
赵晓静　敖　梦　梁凤奎　谢　慧　蔡璧岭
（按照姓氏笔画排列）

本卷主编　张海文　李红云

本卷翻译　李　杨　赵晓静　李红云

本卷校对　李红云　李　杨

《世界海洋法译丛》出版委员会

主　　任　孟鸣飞

副 主 任　张化新　高继民

委　　员　李忠东　刘永贵　李明泽　张性阳　黄　锐
宋来鹏　周静静　宋　磊　张文健　朱凤霞
张　晓　王春霖

前言
PREFACE

从 1609 年荷兰法学家格劳秀斯发表著名的《海洋自由论》到 1994 年 11 月 16 日《联合国海洋法公约》(以下简称《公约》)生效，海洋法经历了一个漫长而坎坷的发展过程。如今，海洋法已发展成为国际法中内容最新、最完备的一个分支。截至 2017 年 11 月,《公约》已成为一个拥有 168 个缔约国的国际条约。根据《公约》，沿海国家可以拥有自己的领海、毗连区、专属经济区、大陆架；群岛国还可拥有群岛水域。国家在不同的海域中行使不同的主权、主权权利和管辖权。

联合国秘书处海洋事务与海洋法司已将各国政府根据《公约》的有关规定向联合国秘书处交存的文件予以公布，这些文件主要有 :(1)沿海国家的有关海图或地理坐标表，注明直线基线、群岛基线；领海、专属经济区和大陆架外部界限的大地基准点。(2)沿海国公布的所有有关无害通过的法律和规章；海峡沿岸国公布的在用于国际航行的海峡中有关过境通行的法律和规章；沿海国在其领海的特定区域内暂时停止外国船舶的无害通过的情况。(3)沿海国家的立法实践。

考虑到我们在海洋法研究、实践以及立法工作上的需要，我们决定将世界各国海洋立法、海洋边界实践以及国际海洋争端解决的经典案例译成汉语，并列为国家海洋局海洋发展战略研究所关于海洋权益与法律问题的系列研究项目之一，逐步编译成册出版，丛书名定为《世界海洋法译丛》。我们的决定得到了联合国秘书处海洋事务与海洋法司的赞同和支持。

本丛书的内容包括世界沿海国家的海洋立法汇编 8 卷（非洲卷 1 卷、欧洲卷 3 卷、美洲卷 2 卷、亚洲卷 1 卷、大洋洲卷 1 卷）、海上边界协定 1 卷、海洋法争端解决国际案例汇编 1 卷和海上边界国家实践发展现状 4 卷，共计 14 卷。

《公约》生效后，《公约》中包含的原则和规则开始对各国的海洋实践产生重大影响，在各国海洋立法中尤为明显。国内立法是国际法研究的一个重要方面，不仅是一国履行国际义务的实践，还可以为国际习惯法的形成和发展提供证据。本丛书中的沿海国海洋立法系列将沿海国立法分为 5 个部分，分别是非洲国家、亚洲国家、大洋洲国家、欧洲国家和美洲国家。在每部分中将国家按英文字母先后顺序排列。此系列的翻译原文均为联合国网站公布的各国提交的该国立法英文文本。需说明的是，其中有些立法是从其他语种的官方文本译为英文的。我们在翻译过程中尽量做到忠实原文，对有明显错误的地方作了注释。译文尽量保持原立法的完整性，仅对个别立法中与海洋法无关的内容作了省略，并作出标明。

海洋划界是现代海洋法的重要部分。《公约》对国家主权和管辖海域的规定（增加领海宽度、设立专属经济区这一新制度，重新界定大陆架等）使得各沿海国之间出现了大量的重叠主张。各沿海国家相互之间签署了大量的边界协议，但仍有 200 多项海洋划界问题亟待解决。海洋划界的发展经历了 3 个阶段：第一个阶段自 18 世纪至二战爆发前，见证了沿海国普遍接受将陆地领土主权延伸至领海的历程，形成了一些划界的基本原则。第二个阶段始于第一项领海范围以外海洋划界协定（1942 年《帕里亚湾条约》）的出台，进而杜鲁门 1945 年发布《大陆架公告》，直至 1958 年《大陆架公约》和 1969 年《北海大陆架案》，见证了海洋划界向外拓展并涵盖大陆架的过程。第三个阶段自专属经济区概念和大陆架新定义首次引入第三次《联合国海洋法公约》会议谈判案文并最终写进《公约》开始，海洋划界有了新的内涵。本丛书中的海上边界协定部分收录了 1942—1991 年相关国家之间签订的海洋划界协定。为方便查询，协定按地区分类汇总，如大西洋区域（北大西洋和南大西洋）、加勒比区域、地中海区域、印度洋区域和太平洋区域（东太平洋和西太平洋），每个区域依照国别和划界区域列出协议。

本丛书中的海洋法争端解决案例系列收录了自19世纪末至20世纪初的33个海洋法典型案例，内容编排为7章，涵盖了海洋法主要的案例类型：第一章为基线、海湾和领海类案例；第二章为国际航行海峡类案例；第三章为海洋划界类案例；第四章为渔业和海洋生物资源类案例；第五章为公海刑事管辖权和船旗国管辖权类案例；第六章为航行类案例；第七章为海洋环境类案例。这些案例包含了国际常设法院（Permanent Court of International Justice，2宗）、中美洲法院（Central American Court of Justice，1宗）、国际法院（12宗）和国际海洋法法庭（International Tribunal for the Law of the Sea，7宗）作出的判决及仲裁法庭（10宗）和特别委员会（1宗）作出的仲裁裁决。由于有些涉及海洋法的争议仍在审理当中，因此不排除以后会更新相关审理结果的可能性。

本丛书中的海上边界国家实践发展现状系列旨在广泛传播各国在实践中适用《公约》的现状，为《公约》的实施提供帮助，促进各国统一、一致地适用《公约》规定的复杂而全面的国际规则。此系列包括1982—1994年的双边和多边条约、国内立法及政府照会、宣告和声明，按照国家字母顺序逐一列出。内容涵盖以下事务：领海基线、领海宽度及归属、专属经济区的建立、大陆架的界定、海岸相向或相邻国家间海上边界的划定等。

本丛书的编译工作由张海文主持，北京大学法学院李红云教授及其部分研究生、北京师范大学法学院张桂红教授及其部分研究生以及原国家海洋局国际合作司梁凤奎、祁冬梅、宁佳、蔡壁岭等参与了翻译工作。天津外国语大学黄影讲师负责本丛书的审校工作。丛书的文字翻译是对联合国公开资料的客观展示，以利于国内读者作为资料参考，并不代表编者和出版者认可其观点和立场。在编译过程中由于水平所限，错误在所难免，在此欢迎读者批评指正。

本丛书集合了国内立法和政策、边界协定和国际法案例，为我国了解国际海洋边界的最新进展、熟悉“海上丝绸之路”沿线国家的基本情况以及国际司法和仲裁机构对各类涉海问题的解读和分析提供了权威参考资料，对于推动国际法治、实现海洋强国具有重要的现实意义。我们希望通过《世界海洋法译丛》的编译出版，能对我国研究海洋法的学者和学生、涉海的政府行政主管部门、海洋立法和执法机构提供一些帮助和参考，为我国海洋事业的发展尽绵薄之力。

编译者

2017 年 11 月 28 日

目　录
CONTENTS

安提瓜和巴布达
Antigua and Barbuda

（英文文本截止于 2009 年 1 月 16 日）

海洋区域法
（1982 年 8 月 17 日第 18 号法案）

本法规定安提瓜和巴布达领海的外部界限，确立与大陆架有关的制度，确定群岛基线和群岛水域，确立毗连区、专属经济区和渔区，并规定其他相关事项或附带情况。

由安提瓜和巴布达议会颁布如下：

第一条　简称

本法可称为《1982 年海洋区域法》。

第二条　解释

本法中：

·“群岛水域”指第二 B 条定义的水域；

·“基线”指第四条中具体规定的领海基线；

·“主管机关”指部长或为本法目的由部长指定为主管机关的任何人；

·“专属经济区”指第七条定义的安提瓜和巴布达的专属经济区；

·“渔区”指第八条定义的安提瓜和巴布达的渔区；

·“外国船舶”指外国的船舶；

·“外国”指安提瓜和巴布达以外的国家；

·“无害通过”指对安提瓜和巴布达的和平、良好秩序或安全没有损害的通过；

·“内水”指第二A条定义的安提瓜和巴布达的内水；

·“部长”指负责对外事务的部长；

·“海里”是指国际海里；

·“通过”指船舶航行在群岛水域或领海中不停止或不下锚的航行，因不可抗力或危难或为援救遇险或遇难人员、船舶或航空器所必要的停留、徘徊、下锚也包括在内；

·“船舶”包括船只、小艇或各种其他海上航行器；

·“水下区域”包括海床及其底土；

·“领水”指第三条定义的安提瓜和巴布达的领水。

第二A条　内水

1. 安提瓜和巴布达的领水包括以下向陆一侧的海域：

（1）低潮线；或者

（2）依照本条第2款规定的封口线。

2. 为确定安提瓜和巴布达内水的任何部分的目的，部长可以通过命令规定封口线，只要他考虑到国际法及实践而认为这样做是适当的。

第二B条　群岛水域

安提瓜和巴布达的群岛水域由从基线起向陆一侧的海域（内水除外）构成。

第三条　领海界限

1. 在本条第2款的限制下，安提瓜和巴布达的领海包括以基线为向陆一侧的界限，且以其各点与基线最近点距离12海里的线为外部界限的海域。

2. 若安提瓜和巴布达与他国间的等距离中间线与基线上最近点的距离不足12海里，在可行的情况下，领海的界限应由安提瓜和巴布达与该国通过协议确定；但在没有此类协议的情况下，等距离中间线应作为领海的外部界限。

3. 在本条中，安提瓜和巴布达与他国间的“等距离中间线”指其上每点与安提瓜和巴布达基线和该外国相应基线的最近点距离相等的线。

第四条 领海基线

为测算领海宽度的目的，基线应是与安提瓜和巴布达有关的直线群岛基线。

第五条 毗连区

1. 在本条第 2 款的限制下，安提瓜和巴布达的毗连区包括在领海以外并邻接领海，以其各点与基线最近点距离 24 海里的线为其外部界限的海域。

2. 毗连区不应延伸至他国的领海，如若适当，在任何特殊情况下，本条第 1 款应根据本款要求在必要限度内修改以便执行。

3. 若安提瓜和巴布达认为，为防止或惩罚在其境内（包括群岛水域和内水）违反其对海关、财政、移民或卫生的管制或禁止措施的任何法案之必要，其在毗连区内享有并得行使主权权利。

第六条 大陆架

1. 在本条第 3 款的限制下，安提瓜和巴布达的大陆架包括领海以外并邻接领海，依安提瓜和巴布达领土的全部自然延伸，扩展到大陆边外缘的海底区域的海床和底土，若大陆边的外缘不能延伸至 200 海里，则从领海基线上最近点起扩展到 200 海里的距离。

2. 为本条第 1. 款的目的，若大陆边从领海基线最近点延伸至 200 海里以外，大陆架外部界限的确定应全面适当地考虑与设立和划定超出 200 海里的大陆架有关的国际法的要求和限制。

3. 为本条的目的，大陆边包括安提瓜和巴布达的整个陆块没入水中的延伸部分，由陆架、陆坡和陆基的海床和底土构成，不包括深洋洋底及其洋脊，也不包括其底土。

第六 A 条

1. 若安提瓜和巴布达与他国间的等距离中间线与基线最近各点的距离不足 200 海里，大陆架的划界应由安提瓜和巴布达与该外国依据国际法以协议确定，以便得到公平解决。

2. 在本条中，安提瓜和巴布达与他国间的等距离中间线是其各点与安提瓜和巴布达基线和与该外国基线的最近各点距离相等的线。

第七条 专属经济区

专属经济区包括在领海以外并邻接领海，以其各点与部长通过命令规定的基线最近各点的距离为 200 海里的界线为向海界限的海域。

第八条 渔区

渔区包括在领海以外并邻接领海，以其各点与部长通过命令规定的基线上最近点的距离等于或小于 200 海里的界线为向海界限的海域。

第九条 在内水、群岛水域和领海的管辖权

安提瓜和巴布达在下列区域行使主权：

（1）内水、群岛水域和领海；

（2）内水、群岛水域和领海的上空、海床和底土。

第十条 在专属经济区的管辖权

依据国际法，安提瓜和巴布达在专属经济区内得行使：

（1）以勘探、开发、养护和管理专属经济区的生物与非生物自然资源为目的的主权权利，以及与利用专属经济区的海水、海流和风力生产能有关的主权权利。

（2）与以下方面有关的管辖权：

①建造和使用人工岛屿、设施和结构；

②海洋科学研究；

③海洋环境的保护与保全。

（3）依据国际法规定的此类权利与义务。

第十一条 在渔区的管辖权

在渔区内，安提瓜和巴布达得根据国际法行使主权权利和专属管辖权，以便勘探、开发、养护和管理渔区及其海底区域的渔业资源。

第十一 A 条 有关大陆架的管辖权

依据国际法，安提瓜和巴布达得在大陆架上行使：

（1）以勘探、开发和管理自然资源为目的的主权权利。

（2）建造和授权与管理建造、操作和使用以下结构的排他性权利：

①人工岛屿；

②与第（1）段规定的目的或其他经济目的有关的设施与结构；

③可能干扰安提瓜和巴布达在大陆架上行使权利的设施与结构。

（3）管理、授权和进行海洋科学研究的排他性权利。

第十二条 在专属经济区内的国际活动

依据国际法的原则、实践和规定，安提瓜和巴布达承认在大陆架上或专属经济区内航行、飞越、铺设海底电缆和管道以及其他相关活动的自由。

第十三条 海洋边界谈判

若任何其他国家的海域或水域与领海、大陆架或专属经济区相邻或相向，并且该外国与本国政府对任何有关领海、大陆架或专属经济区向海界限的事宜存在争端、分歧或不同意见，本国政府与该外国谈判解决此类争端、分歧或不同意见是合法的。

第十四条 无害通过权的授予

1. 在本条第 2 款和第十五条第 1A 款和第 1B 款的限制下，外国船舶享有无害通过安提瓜和巴布达的权利。

2. 外国军舰所属国未获得主管机关的事前许可，不得在群岛水域和领海航行。

第十五条 非无害通过

1. 在本条第 2 款的限制下，如果外国船舶的船长或负责人未获主管机关的事前许可，该船舶在群岛水域或领海从事以下任何活动，其通过应视为有损于安提瓜和巴布达的和平、良好秩序或安全：

（1）对安提瓜和巴布达的主权、领土完整或政治独立进行任何武力威胁或使用武力，或以任何违反《联合国宪章》所体现的国际法原则的方式进行武力威胁或使用武力；

（2）以任何种类的武器进行任何操练或演习；

（3）任何目的在于搜集情报使安提瓜和巴布达防务或安全受损害的行为；

（4）在船上发射、降落或接载任何飞机或军事装备；

（5）违反关于海关、财政、移民或卫生的任何法案，上下任何人员、商品或货币；

（6）任何必然或可能造成对安提瓜和巴布达及其资源或海洋环境的损害或危害的故意的污染行为；

（7）任何捕鱼活动；

（8）进行研究或测量活动；

（9）任何目的在于干扰安提瓜和巴布达的任何通信系统或任何其他设施或设备的行为；

（10）规定的此类其他活动。

1A. 在群岛水域或领海内，为行使无害通过权的目的，任何潜艇或其他潜水器应在海面上航行并展示其旗帜。

1B. 部长认为为保护安提瓜和巴布达安全（包括武器演习）之必要，可以通过政府公报发布命令，在命令规定的群岛水域或领海的特定区域内暂停无害通过。

2. 外国船舶未获第十四条第 2 款要求的许可即在群岛水域或领海航行，其通过应视为有损于安提瓜和巴布达的和平、良好秩序和安全。

第十五 A 条　过境通行

1. 受制于并依据本法和国际法，任何外国船舶或飞机可以行使与相关海峡有关的过境通行权，即以继续不停地迅速通过相关海峡为目的的航行自由。

2. 为本条第 1 款之目的，若外国船舶或飞机在相关海峡实施第十五条第 1 款提及的任何行为，应认为其从事了不属于行使过境通行权的行为。

3. 在行使相关海峡的过境通行权时，外国船舶应遵守：

（1）被普遍接受且对海峡有效的，有关海上安全或为防止、减少和控制来自船舶的污染的国际规章、程序和惯例；

（2）为了或关于下列事项，对海峡有效的规章条款以及任何法令、命令或指令：

①航行安全和海洋交通管理，包括海道使用以及分道通航制；

②渔船，包括渔具的装载，并且防止捕鱼；

③与上下任何货物、货币或人员有关的海关、行政、移民或卫生控制。

4. 在行使有关海峡的过境通行权时，飞机应：

（1）遵守由国际民用航空组织制定的适用于民用航空器的《航空规则》，国家航空器通常应遵守这种安全措施，并应在操作时随时适当顾及航空安全；

（2）随时监听国际上指定的空中交通管制主管机构所分配的无线电频

率或有关的国际呼救无线电频率。

5. 在本条中，“有关海峡”是指在安提瓜和巴布达与外国之间用于国际航行的海峡，它处于下列两部分之间：

（1）公海或专属经济区的一个部分；

（2）公海或专属经济区的另一部分。

第十五 B 条　群岛海道通过

1. 受制于并依据本法和国际法，所有外国船舶或飞机可以行使群岛海道通过权，即为在下列两部分之间继续不停、迅速和无障碍地过境的目的，行使以正常方式穿过或越过群岛水域的航行与飞越的权利：

（1）公海或专属经济区的一个部分；

（2）公海或专属经济区的另一部分。

2. 受本条第 4 款的限制，群岛海道通过权仅得在通过依据第二十 C 条指定的海道或空中航道时行使。

3. 在行使群岛海道通过权时，外国船舶应遵守第十五 A 条第 3 款（1）项规定的一类国际规章、程序和惯例，以及在群岛水域有效的第十五 A 条第 3 款（2）项规定的一类规章、法令、命令或指令。

4. 若部长未依据第二十 C 条指定穿过或越过群岛水域的海道或空中航道，在通常被用于国际航行的通道中可以行使群岛海道通过权。

第十六条　警察和授权人员的权力

1. 若外国船舶实施了第十五条第 1 款规定的任何行为，或潜艇或其他潜水器不遵守第十五条第 1A 款的规定，或警察或部长书面授权的人有合理理由怀疑外国船舶从事了任何此类行为，该警察或授权人员得：

（1）停止该行为并登临违法船舶以进行询问和调查；

（2）无需许可令即可扣留违法船舶，并将之带至安提瓜和巴布达的某一港口；

（3）无需逮捕证即可逮捕船长和参与被认为有损于安提瓜和巴布达和平、良好秩序与安全活动的任何船上人员。

2. 若外国船舶的通过被认为有损于安提瓜和巴布达和平、良好秩序与安全，船长或其他船舶负责人以及参与被认为有害的活动的人员应根据本法以违法论处。

3. 在对外国船舶行使本条规定的执行权时，警察部队的成员或部长授权的人员不应危害航行安全或造成对船舶的任何危险，或将船舶带至不安全的港口或停泊地，或使海洋环境面临不合理的危险。

第十七条　豁免

1. 若外国船舶的通过被认为有损于安提瓜和巴布达和平、良好秩序与安全，而且该船舶或参与有损害的船舶活动的任何船上人员享有法律承认的国家豁免或其他豁免，则该船舶的所属国与该人员的国籍国应被认为对该船舶的活动负有国际责任。

2. 若船舶的所属国与某人的国籍国被认为负有本条规定的国际责任，部长应采取一切可能的步骤，依据国际法获得赔偿。

第十八条　管辖

1. 为行使安提瓜和巴布达法院的管辖权的目的，安提瓜和巴布达的领土应包括内水、群岛水域和领海。

2. 若在内水、群岛水域或领水内发生或被怀疑发生经简易程序判定为可惩罚的任何罪行，或该罪行与内水、群岛水域或领水有关，派往任何治安地区的治安法官得处理和裁决该罪行，并且该治安法官享有并行使《治安法官程序法典》授予的一切权力、特权、权利和管辖权。

3.《治安法官程序法典》授予治安法官的准刑事和民事管辖权，涉及内水和领水时，应由派往任何治安地区的治安法官行使。

4. 依本法授予任何法院的管辖权，不妨碍其他法案授予该法院或由该法院行使的任何管辖权。

第十八 A 条　海域的海图

部长应敦促绘制其认为适当的海图或地理坐标表，以便标明以下全部或任何事项：

（1）低潮线、依据第二 A 条第 2 款规定的封口线或基线；

（2）领海、毗连区、大陆架或专属经济区的向海界限；

（3）海道或依据第二十 C 条指定或规定的分航道的中心线。

…………（原文如此，下同——译者注）

第十八 B 条　海图的证据

一份文件声称是经部长证明的依据第十八 A 条绘制的海图或地理坐标

表的真实副本，其应在任何法律程序中被接受为本条规定的或其所载的任何事项的证据。

第十八 C 条　海图的公布

部长应敦促：

（1）将依据第十八 A 条绘制的海图或地理坐标表妥为公布；

（2）将每份海图或坐标表的副本交存于联合国秘书长处。

第十九条　规章

1. 部长得就下列事项制定规章：

（1）航行安全或海上交通管制；

（2）海洋生物资源的保护；

（3）安提瓜和巴布达海洋环境的保护和对海洋环境污染的预防和控制；

（4）综合管理内水、群岛水域和领海的使用，包括规定对涉及内水、群岛水域和领海的任何活动所征收的费用；

（5）没收从事或用于第十五条规定的任何活动的船舶或设备，并交与政府；

（6）对违反依据本条制定的任何规章的行为，经简易程序判处 2 万美元的罚款或两年监禁，或两者并处。

2. 依据本条制定的规章应经立法机关通过并依法公布。

第二十条　违法行为

1. 凡威胁或妨碍根据本法或规章授权行事的人员，应依本法以违法论处。

2. 凡根据本条第 1 款或第十六条第 2 款的规定以违法论处者，应：

（1）经公诉程序判处 10 万美元的罚款或 5 年监禁，或两者并处；或

（2）经简易程序判处 2 万美元的罚款或两年的监禁，或两者并处。

第二十 A 条　在通过领海的外国船舶上进行逮捕

1. 依据本条，若在通过领海期间，外国船舶（仅商船或为商业目的使用的政府船舶）上发生了犯罪，则在船舶通过期间得就该罪行行使法定权力，只要：

（1）罪行的后果及于安提瓜和巴布达；

（2）罪行属于扰乱安提瓜和巴布达的和平或领海的良好秩序的性质；

（3）经船长或者船旗国外交代表或领事官员请求政府或任何政府人员

予以协助；

（4）为取缔违法贩运麻醉药品或精神调理物质所必要。

2. 本条第 1 款中的限制不适用于外国船舶驶离内水后通过领海的情况。

3. 依据本条，若来自安提瓜和巴布达以外港口的外国船舶仅通过领海而不驶入内水，则在船舶通过期间得就船舶进入领海前发生的罪行行使法定权力，只要：

（1）有明显根据认为该船舶在专属经济区内违反了：

①关于防止、减少和控制来自船舶的污染的可适用的国际规则和标准；或者

②符合这种国际规则和标准并使其有效的规章和命令的任何规定；以及

（2）有明显根据认为违反行为导致了大量排放，对海洋环境污染造成重大污染或有造成重大污染的威胁；或者

（3）有确凿证据证明违反行为导致了排放，对安提瓜和巴布达海岸或其领海或专属经济区的任何资源造成了实质损害或有造成实质损害的威胁。

4. 行使本条第十六条规定的权力不受本条的任何影响。

5. 行使本条第 1 款或第 3 款所述权力做出的决定或对该权力的行使应适当顾及航行利益后作出、行使或修正。

6. 本条第 8 款（1）项提及的法定权力不应对船舶行使，除非为确定是否发生了属于本条第 3 款（1）项规定类别的违反行为，依法要求船舶提供有关其身份和登记地的信息、上一港口和下一港口名称以及其他相关信息，而该船舶拒绝提供。

7. 若对安提瓜和巴布达有拘束力的适当程序已由有权的国际组织建立或承认，且船舶确实遵守了登陆或其他适当财政安全的要求，本条第 8 款涉及的法定权力不应对该船舶行使。

8. 为本条目的，“法定权力”是指逮捕任何人或调查任何被指控违法的行为的合法权利，以及

（1）为本条第 3 款（2）项的目的，包括因与本条第 3 款（1）项规定类别的违法行为有关的事项而对船舶进行现场调查的权力；

（2）为本条第 3 款（3）项的目的，包括扣留船舶的权力。

第二十 B 条　在领海中与外国船舶有关的民事管辖权

1. 不得仅为对通过领海的外国船舶上的某人行使民事管辖权的目的而停止该船舶的航行或改变其航向。

2. 在本条第 3 款的限制下，任何人不得为任何民事诉讼的目的而对通过领海的外国船舶从事执行或加以逮捕，但诉讼涉及该船舶本身在通过领海的航行中或为该航行的目的而承担的责任或发生的义务除外。

3. 本条第 2 款不妨碍对在领海内停留或驶离内水后通过领海的外国船舶加以逮捕或从事执行。

第二十 C 条　海道

部长得通过命令：

（1）指定用于行使无害通过权或群岛海道通过权，或与此有关的海道或空中航道；

（2）规定分道通航制。

第二十一条　对君主（原文为“the Crown”——译者注）的约束力

本法对君主有约束力。

第二十二条　法律适用

1. 在先于本法生效的安提瓜和巴布达的任何法令或法律中，凡提及安提瓜岛、巴布达岛以及雷东达岛（Redonda Island）的沿岸水域、群岛水域和领水，或任何类似表达，不论其措辞为何，均应理解为内水、群岛水域和领海。

2. 在先于本法生效的安提瓜和巴布达的任何法令或法律中，凡提及与安提瓜岛、巴布达岛以及雷东达岛的沿岸水域、群岛水域、领海水域有关的 3 英里或者更长或更短的距离，或任何类似表达，不论其措辞为何，均应理解为 12 海里或到第三条第 2 款规定的等距离线的距离。

第二十三条　废除与修正，41 与 42 Vict.c73（原文如此——译者注）

1. 废除构成安提瓜和巴布达法律的 1978 年英国议会的《领海管辖权法》，以及英国议会修正该法的任何法律。

2. 对附件第一栏所列法令的修改列在附件第二栏中。

第二十四条　生效

本法于总督在公告中指定的日期生效。

阿根廷
Argentina

（英文文本截止于 2011 年 1 月 18 日）

第 23.968 号法案
（1991 年 8 月 14 日）

第一条

测量阿根廷海域界限的基线应是正常基线和直线基线，在本法附件 I 的列表中划定并绘制在附件 II 中本法提及的海图上。

这些基线应包括第 17.094 号法律第一条规定的连接圣马蒂亚斯湾（San Mateas Bay）、努埃沃湾（Nuevo Bay）与圣豪尔赫湾（San Jorge Bay）湾口的各海岬的线，以及标记拉普拉塔河口湾（Rio de la Plata Bay）外部界限和相应的 1973 年 11 月 9 日的海洋界限的线。

阿根廷共和国享有主权权利的南极洲地带的基线应通过后续法律确定。

第二条

在依本法第一条划定的基线内侧的水域构成阿根廷共和国的内水。

第三条

阿根廷的领海从依本法第一条确立的基线量起延伸至 12 海里。

阿根廷对其领海及其上空、海床和底土享有完全的主权。

只要第三国船舶在通过领海时遵守国际法和阿根廷作为沿海国通过的法律和规章，则其应享有领海的无害通过权。

第四条

阿根廷的毗连区位于领海的外部界限之外，从依本法第一条确立的基线起延伸至 24 海里的距离。

阿根廷在该区域行使管辖权，防止或惩罚在其领土或领海内违反其财政、卫生、海关和移民法律或规章的行为。

第五条

阿根廷的专属经济区位于领海的外部界限之外，从依本法第一条确立的基线量起延伸至 200 海里的距离。

在专属经济区内，阿根廷享有以勘探和开发、养护和管理海床上覆水域和海床及其底土的自然资源（不论为生物或非生物资源）为目的的主权权利，以及关于在该区内从事经济性开发和勘探，如利用海水、海流和风力生产能等其他活动的主权权利。

有关资源保护的国家规定适用于 200 海里区域之外的高度洄游种群，以及构成阿根廷专属经济区种群食物链的一部分的种群。

第六条

阿根廷享有主权的大陆架应包括领海以外依其陆地领土的全部自然延伸，扩展到大陆边外缘的海底区域的海床和底土，如果从测算领海宽度的基线量起到大陆边外缘的距离不到 200 海里，则扩展到 200 海里的距离。

第七条

第三条、第四条和第五条提及的海域的外部界限应按照从本法第一条划定的基线量起的各自宽度来确定。

“海里”指国际海里，相当于 1 852 米。

第八条

海军水文部门应绘制并更新海图，标明本法第一条、第三条、第四条和第五条划定的界限，以便经对外事务与礼宾部同意后妥为公布。

第九条

在此划定的海域中，阿根廷共和国有建造并授权和管理建造、操作和使用各种类型的设施和结构的专属权利，以及对这些人工设施和结构的专属管辖权，包括有关财政、卫生、海关和移民法律或规章的管辖权。

第十条

第 22.415 号法律（即《关税法典》）第五百八十五条、第五百八十六条、第五百八十七条和第五百八十八条的修改如下：

第五百八十五条 凡从阿根廷领海或专属经济区或属于其主权范围内的海床或底土中提取或获得产品，并意图将其运往国外或某个免税区，应视为从一般关税区的消费者出口。

第五百八十六条 作为一般关税区或单独关税区的消费者进口，原产于阿根廷领海或专属经济区，或属于其主权范围内的海床或底土的产品得免除缴纳相关税款和适用经济禁令。

第五百八十七条 只要意图将产品的使用或消费作为在阿根廷领海或专属经济区或属于其主权范围内的海床或底土中进行的勘探、开发、培植、加工、混合或任何类型的活动的一部分，则从一般关税区或单独关税区到这些区域的消费者出口得免除缴纳相关税款和适用经济禁令。

第五百八十八条 在阿根廷的整个或部分领海或专属经济区，或其主权范围内的海床或底土，行政长官可以决定对来自外国或某个免税区的产品全面或部分适用一般程序、关税和禁令。

第十一条

本法应交 Alberto R.Pierri-Eduardo Menem-Juan Estrada-Hugo R.Flombaum 行政当局。

本法由位于布宜诺斯艾利斯的阿根廷国会于 1991 年 8 月 14 日制定。

附 件 I [*]

地 图	点	地理特征	地理坐标		基 线
			南 纬	西 经	
拉普拉塔河（RÍO DE LA PLATA）到 DUNGENES 角 第 H-113 号地图——1969 年第 1 版——比例尺 1∶250 000					
H-113	1	拉普拉塔河外部界限的中间点（1973 年《关于拉普拉塔河及相应海洋边界的条约》第一条）	35°38′.0	55°52′.0	
H-113	2	Rasa 角	36°17′.4	56°47′.0	直线
第 H-114 号地图——1984 年第 5 版——比例尺 1∶250 000					
H-114	2	Rasa 角	36°17′.4	56°47′.0	
H-114	3	Corrientes 岬	38°00′.9	57°31′.2	正常
H-114	4	Sur 防波堤末端〔马德普拉塔港（Mar del Plata Port）〕	38°02′.2	57°30′.8	直线
H-114	5	Cantera 角	38°04′.9	57°32′.0	直线
H-114	6	Hermengo 角	38°17′.2	57°50′.1	正常
第 H-210 号地图——1974 年第 2 版——比例尺 1∶250 000					
H-210	6	Hermengo 角	38°51′.7	60°03′.1	
H-210	7	Quequén 港的东礁	38°35′.2	58°41′.5	正常
H-210	8	Sur 防波堤的末端（Quequén 港）	37°17′.2	57°50′.1	直线
H-210	9	Claromecó 灯塔的南端	38°51′.7	60°03′.1	直线
第 H-211 号地图——1984 年第 2 版——比例尺 1∶300 000					
H-211	9	Claromecó 灯塔的南端	38°51′.7	60°03′.1	
H-211	10	Pehuencó 角	39°00′.4	61°32′.5	正常

* 英文文本中有大量缩写，翻译疏漏和错误在所难免。——译者

续 表

地 图	点	地理特征	地理坐标		基 线
			南 纬	西 经	
H-211	11	Rincón 浅滩东南端	39°26′.6	61°59′.7	直线
H-211	12	Laberinto 角的东南浅滩	39°27′.5	62°01′.8	直线
H-211	13	Colorado 河的北出口	39°41′.2	62°06′.0	正常
H-211	14	Colorado 河的南出口	39°41′.6	62°05′.8	直线
H-211	15	Río Colorado Viejo 的北出口	39°50′.8	62°06′.6	正常
H-211	16	Centro 浅滩南端	40°10′.5	61°58′.3	直线
H-211	17	Culebra 浅滩东南端	40°24′.6	61°58′.2	直线
H-211	18	Nordeste 浅滩南端	40°30′.8	61°58′.4	直线
H-211	19	Jabalí 岛东南	40°38′.1	62°10′.3	直线
第 H-214 号地图——1970 年第 1 版——比例尺 1：275 000					
H-214	19	Jabalí 岛南端	40°38′.1	62°10′.3	
H-214	19	Jabalí 岛南端	40°38′.1	62°10′.3	
H-214	20	Barranca Norte 的南浅滩	41°02′.0	62°42′.0	正常
H-214	20	Barranca Norte 的南浅滩	41°02′.0	62°42′.0	
H-214	21	前一浅滩的南浅滩	41°03′.0	62°42′.9	直线
H-214	22	Médano 角的东南浅滩	41°03′.4	62°45′.3	直线
H-214	23	Bermeja 角	41°09′.0	63°04′.0	正常
H-214	24	Norte 角	42°03′.9	63°45′.7	直线
第 H-215 号地图——1983 年第 2 版——比例尺 1：275 000					
H-215	24	Norte 角	42°03′.9	63°45′.7	
H-215	25	Cero 角	42°30′.2	63°35′.8	正常
H-215	26	Valdés 湾的南浅滩以北	42°19′.9	63°33′.1	脱离正常
H-215	27	Valdés 湾的南浅滩以南	42°22′.3	63°35′.0	脱离正常
H-215	25	Cero 角	42°30′.2	63°35′.8	
H-215	28	Cantor 角	42°30′.9	63°35′.7	直线

续 表

地 图	点	地理特征	地理坐标		基 线
			南 纬	西 经	
H-215	29	Morro Nuevo 角的南端	42°53′.1	64°06′.0	正常
H-215	30	Ninfas 角	42°58′.8	64°17′.8	直线
H-215	31	Escollera 信号站附近	43°20′.5	65°03′.0	正常
H-215	32	Restinga 信号站附近	43°20′.8	65°03′.2	直线
H-215	33	230 Delfín 角 4.2′	43°35′.2	65°15′.7	正常
H-215	34	Escondida 岛	43°43′.4	65°16′.7	直线
H-215	35	092 Lobos 角灯塔 1.2′	43°47′.7	65°18′.2	直线
H-215	36	Clara 角	43°58′.5	65°13′.5	正常
H-215	38	Tombo 角	44°02′.2	65°11′.1	直线
H-215	39	Atlas 角南端	44°08′.2	65°13′.1	正常
H-215	37	Lobería 角的南岛以北	44°16′.7	65°13′.6	直线
H-215	40	Raso 岬	44°20′.2	65°13′.6	直线
H-215	41	Atrevida 角	44°23′.2	65°14′.0	正常
H-215	42	Salaverría 礁	44°24′.2	65°05′.9	脱离正常
H-215	43	Cordova 礁群的最东礁	44°29′.0	65°14′.6	脱离正常
H-215	44	Oyarvide 礁	44°29′.9	65°15′.7	脱离正常
H-215	41	Atrevida 角	44°23′.2	65°14′.0	
H-215	45	Betbeder 半岛东北端	44°29′.7	65°17′.0	直线
H-215	46	Betbeder 半岛南端	44°31′.8	65°18′.8	正常
H-215	47	Roja 角	44°34′.4	65°21′.3	直线
第 3 号地图——1928 年第 3 版——比例尺 1：50 000					
3	47	Roja 角	44°34′.6	65°21′.5	
3	48	Dos Bahías 岬	44°55′.8	65°31′.3	直线
第 59 号地图——1934 年第 2 版——比例尺 1：400 000					
59	48	Dos Bahías 岬	44°55′.8	65°31′.3	

续 表

地 图	点	地理特征	地理坐标		基 线
			南 纬	西 经	
59	49	Tres Puntas 岬	47°05′.8	65°52′.0	直线
59	50	Arce 岛	45°00′.0	65°29′.0	脱离正常
59	51	Rasa 岛和 Rasa 岛最东礁东南	45°07′.2	65°22′.3	脱离正常
第 60 号地图——1933 年第 1 版——比例尺 1∶350 000					
60	49	Tres Puntas 岬	47°05′.8	65°52′.0	
60	52	Foca 角	47°44′.8	65°50′.5	正常
60	53	Sorrel 礁	47°42′.6	65°47′.8	脱离正常
60	52	Foca 角	47°44′.8	65°50′.5	
60	54	Guanacos 角的东礁	47°48′.0	65°51′.9	直线
60	55	Norte 角的西北端	47°54′.0	65°48′.6	正常
60	56	Pingüino 岛的东北礁	47°54′.5	65°42′.4	直线
60	57	Pozos 角的南岛	47°57′.0	65°45′.7	直线
60	58	Shag 岛	48°06′.8	65°53′.4	直线
60	59	Medanosa 角的南礁	48°07′.8	65°55′.2	直线
60	59	Medanosa 角的南礁	48°07′.8	65°55′.2	
60	60	Del Cabo 岛	48°15′.0	66°13′.2	直线
60	61	Rasa Chica 岛	48°21′.7	66°19′.0	
60	62	Guardián 岬的南礁	48°22′.8	66°20′.6	直线
60	63	Mercedes 角	48°24′.0	66°28′.0	直线
60	64	Bellaco 礁	48°29′.8	66°11′.3	
60	63	Mercedes 角	48°24′.0	66°28′.0	脱离正常
60	63	Mercedes 角	48°24′.0	66°28′.0	
60	65	Amette 山的西南端	48°20′.2	66°37′.8	正常
60	66	Ordóñez 山的东岛	48°30′.0	66°45′.3	直线
60	67	Ordóñez 山以南	48°31′.2	66°47′.3	直线

续 表

地　图	点	地理特征	地理坐标		基　线
			南　纬	西　经	
60	68	Vigia 岬	48°36′.1	66°52′.2	正常
60	69	Chato 岛	48°45′.2	67°02′.9	直线
60	70	Dañoso 岬以北	48°49′.2	67°11′.7	直线
60	71	Curioso 岬	49°11′.1	67°35′.8	正常
60	72	Desengaño 角	49°14′.7	67°36′.0	直线
60	73	San Francisco de Paula 灯塔附近	49°44′.5	67°43′.1	正常
第 61 号地图——1970 年第 2 版——比例尺 1：400 000					
61	73	San Francisco de Paula 灯塔附近	49°44′.5	67°42′.7	
61	74	Cascajo 角以东	50°07′.2	68°08′.0	正常
61	75	Santa Cruz 灯塔附近	50°10′.0	68°20′.5	直线
61	76	Norte 角的东南浅滩	50°58′.0	69°04′.5	正常
61	77	Montes 角的东南浅滩	51°03′.3	69°05′.0	直线
61	78	Buen Tiempo 岬以东	51°34′.0	68°53′.0	正常
61	79	Loyola 角的东 Olivier 浅滩以东	51°37′.5	68°53′.1	直线
61	80	Loyola 角东南	51°40′.7	68°55′.9	直线
61	81	以前的修道院信号站	51°45′.3	68°51′.8	正常
第 62 号地图——1981 年第 3 版——比例尺 1：400 000					
62	81	以前的修道院信号站	51°45′.3	68°51′.8	
62	82	Vírgenes 岬的东浅滩	52°20′.0	68°20′.4	正常
第 H-424 号地图——1984 年第 1 版——比例尺 1：100 000					
H-424	82	Vírgenes 角的东浅滩	52°20′.0	68°20′.4	
H-424	83	正常基线终点与位于 Dungeness 角的国际边界的交叉点	52°23′.9	68°26′.1	正常
H-424	84	Virgen 礁	52°20′.4	68°20′.0	脱离正常

续 表

地　图	点	地理特征	地理坐标		基 线
			南　纬	西　经	
TIERRA DEL FUEGO ARCHIPELAGO Tierra del Fuego 的 Grande 岛 第 H-424 号地图——1984 年第 1 版——比例尺 1 : 100 000					
H-424	85	正常基线起点与 Espíritu Santo 角附近的国际边界的交叉点	52°38′.5	68°35′.7	
H-424	86	Arenas 角	53°09′.2	68°12′.8	正常
第 62 号地图——1981 年第 3 版——比例尺 1 : 400 000					
62	86	Arenas 角	53°09′,2	68°12′.8	
62	87	San Sebastián 角的东浅滩东端	53°19′.6	68°07′.9	直线
62	88	Sinai 角的最东礁以东	53°23′.2	68°02′.0	直线
第 90 号地图——1947 年第 1 版——比例尺 1 : 100 000					
90	88	Sinai 角的最东礁以东	53°23′.7	68°01′.8	
90	89	Arroyo Gama 出口的东浅滩	53°28′.2	68°03′.3	直线
90	90	La Misión 的北礁东北	53°41′.1	67°49′.7	正常
90	91	Restinga Costera 北端	53°41′.8	67°48′.4	直线
90	92	Restinga Costera 东南端	53°45′.9	67°39′.3	正常
90	93	Restinga Exterior 北端	53°47′.4	67°33′.9	直线
90	94	Restinga Exterior 南端	53°48′.2	67°32′.4	正常
90	95	Penas 岬灯塔的东礁的东端	53°50′.5	67°29′.0	直线
90	96	Ensenada de la Colonia 的最东端礁的东南端	53°54′.5	67°27′.2	直线
第 63 号地图——1939 年第 1 版——比例尺 1 : 400 000					
63	96	Ensenada de la Colonia 的最东端礁的东南端	53°54′.1	67°27′.0	
63	97	Auricosta 岬北端	53°59′.5	67°25′.1	直线
63	98	Policarpo 湾西口	54°37′.9	65°31′.6	正常

续 表

地 图	点	地理特征	地理坐标		基 线
			南 纬	西 经	
63	99	Policarpo 湾东口	54°37′.7	65°30′.8	直线
63	100	130 Policarpo 湾东口 0.8′	54°38′.0	65°29′.8	直线
第 H-418 号地图——1985 年第 2 版——比例尺 1：125 000					
H-418	100	1130 Policarpo 湾东口 0.8′	54°39′.0	65°30′.8	
H-418	101	254 Falsa 湾入口西端 2.3′	54°38′.7	65°29′.4	直线
H-418	102	249 Falsa 湾入口西端 1.9′	54°38′.8	65°28′.6	直线
H-418	103	Falsa 湾西口	54°38′.1	65°25′.4	正常
H-418	104	Falsa 湾东口	54°38′.1	65°24′.4	直线
H-418	104	Falsa 湾东口	54°38′.1	65°24′.4	
H-418	105	Centenario 湾西口	54°38′.2	65°22′.6	正常
H-418	106	Centenario 湾东口	54°38′.3	65°22′.0	直线
H-418	107	San Vicente 角	54°36′.9	65°14′.0	正常
H-418	108	Bahía Thetis 以南	54°38′.2	65°12′.8	直线
H-418	109	210 San Diego 灯塔 5.4′	54°44′.0	65°11′.9	正常
H-418	110	202 San Diego 灯塔 6.8′	54°45′.6	65°11′.8	直线
H-418	111	Morro Norte 以南	54°47′.0	65°13′.0	正常
H-418	112	Morro Sur 以北	54°48′.7	65°13′.4	直线
H-418	113	012 Veleros 岛 1.4′	54°53′.9	65°19′.0	正常
H-418	114	Veleros 岛	54°55′.4	65°19′.4	直线
H-418	115	249 Veleros 岛 2.4′	54°56′.2	65°23′.3	直线
H-418	116	Buen Suceso 岬西南	54°56′.0	65°24′.9	正常
第 H-419A 号地图——1988 年第 3 版——比例尺 1：100 000					
H-419A	116	Buen Suceso 岬西南	54°56′.0	65°24′.9	
H-419A	117	Buen Suceso 岬的西南岛	54°56′.1	65°25′.2	直线
H-419A	118	Bahía Valentín 西口	54°55′.7	65°30′.7	直线

续 表

地　图	点	地理特征	地理坐标		基　线
			南　纬	西　经	
H-419A	119	Potoyunco 角	54°56′.5	65°33′.4	直线
H-419A	120	Chaapí 岬	54°57′.7	65°38′.2	直线
H-419A	121	Hall 岬的最南岛以南	54°58′.1	65°40′.2	直线
H-419A	122	Hall 岬的最南岛西南	54°58′.4	65°42′.0	直线
H-419A	123	Morro Hall 的最南岛西南	54°58′.1	65°43′.0	直线
H-419A	124	Cururú 角的最南岛西南	54°58′.5	65°57′.5	直线
H-419A	125	245 San Gonzalo 灯塔 2.2′	54°58′.7	66°01′.4	直线
H-419A	126	247 San Gonzalo 灯塔 3.8′	54°59′.2	66°03′.9	直线
H-419A	127	249 San Gonzalo 灯塔 4.9′	54°59′.5	66°05′.7	直线
H-419A	128	250 San Gonzalo 灯塔 5.7′	54°59′.7	66°07′.1	直线
H-419A	129	253 San Gonzalo 灯塔 6.2′	54°59′.6	66°08′.2	直线
H-419A	130	Cal. 角的东南岛	54°59′.9	66°12′.4	直线
H-419A	131	San Martín de Tours 岛的最南端岛以南	55°00′.9	66°20′.2	直线
H-419A	132	Jesse 角	55°01′.9	66°23′.8	直线
H-419A	133	Falsa 角东南	55°03′.1	66°27′.5	直线
第 H-419B 号地图——1989 年第 3 版——比例尺 1：100 000					
H-419B	133	Falsa 角东南	55°03′.1	66°27′.5	
H-419B	134	Blanco 岛	55°03′.8	66°33′.2	直线
H-419B	135	Final 角东南	55°01′.8	66°39′.3	直线
H-419B	136	Moat 角	55°00′.3	66°43′.6	直线
H-419B	137	Moat 锚地以西	54°57′.5	66°48′.9	直线
H-419B	138	Davison 信号站以南	54°56′.7	66°54′.5	直线
H-419B	139	276 Davison 信号站 1.3′	54°56′.4	66°56′.7	正常
H-419B	140	Soberanía 礁	54°56′.2	66°59′.3	直线

续 表

地　图	点	地理特征	地理坐标		基　线
			南　纬	西　经	
H-419B	141	107 Pampa de los Indios 信号站 2.8′	54°55′.4	67°01′.9	直线
H-419B	142	Pampa de los Indios 信号站以南	54°54′.6	67°06′.6	正常
Becasses 群岛					
H-419B	143	北岛东北	54°56′.9	67°02′.2	
H-419B	144	东岛以北	54°57′.4	67°00′.7	直线
H-419B	145	东岛西南	54°57′.6	67°01′.0	正常
H-419B	146	南岛以南	54°57′.8	67°01′.8	直线
H-419B	147	北岛西南	54°57′.2	67°02′.3	直线
H-419B	143	北岛东北	54°56′.9	67°02′.2	正常
Tierra del Fuego 的 Grande 岛 第 H-477 号地图——1989 年第 3 版——比例尺 1：50 000					
H-477	142	Pampa de los Indios 信号站以南	54°54′.6	67°06′.5	
H-477	148	Hakenyeshka 岛南端	54°54′.3	67°09′.5	直线
H-477	149	Belgrano 岛	54°53′.9	67°12′.8	直线
H-477	150	Navarro 角	54°53′.5	67°13′.8	直线
H-477	151	097 Ponsati 信号站 0.8′	54°53′.3	67°16′.8	直线
H-477	152	Ponsati 信号站以南	54°53′.3	67°18′.1	直线
H-477	153	Yunque 岛东南	54°54′.0	67°20′.5	直线
H-477	154	Isla Martillo 岛南端	54°54′.6	67°22′.8	直线
H-477	155	Punta Mackinlay 角 –Gable 岛	54°54′.7	67°25′.2	直线
H-477	156	277 Mackinlay 信号站 1.7′–Gable 岛	54°54′.5	67°28′.2	直线
H-477	157	Espora 角东北	54°55′.1	67°29′.4	直线
H-477	158	Gable 岛西北端	54°52′.7	67°32′.8	正常
H-477	159	Almanza 角以南	54°52′.4	67°34′.3	直线

续 表

地 图	点	地理特征	地理坐标		基 线
			南 纬	西 经	
H-477	160	083 Remolino 角 0.8′	54°51′.7	67°50′.9	直线
H-477	161	Remolino 角	54°51′.8	67°52′.4	正常
H-477	162	Arrecife Lawrence 的最南礁东端	54°52′.6	67°52′.9	直线
H-477	163	Arrecife Lawrence 的最南礁西端	54°52′.5	67°53′.1	直线
H-477	164	279 Remolino 角 1.4′	54°51′.6	67°54′.7	正常
H-477	165	San Juan 角	54°51′.3	67°59′.8	直线
H-477	166	Segunda 角	54°51′.0	68°02′.4	正常
H-477	167	Les Eclaireurs 群岛的最南岛	54°52′.5	68°05′.5	直线
H-477	168	Despard 岛东端	54°52′.4	68°10′.4	直线
H-477	169	Bridges 岛的东南礁	54°52′.9	68°13′.4	直线
H-477	170	Bridges 岛的南岛东南端	54°52′.7	68°14′.7	直线
H-477	171	Bridges 岛的南岛西端	54°52′.6	68°15′.2	直线
H-477	172	285 Capitán Iturrieta 信号站 0.3′–Bridges 岛	54°52′.5	68°15′.4	直线
H-477	173	292 Capitán Iturrieta 信号站 0.7–Bridges 岛	54°52′.4	68°16′.4	直线
H-477	174	Bridges 信号站附近	54°52′.2	68°16′.3	直线
H-477	175	Ushuaia 半岛南端	54°51′.0	68°18′.9	直线
H-477	176	288 Bridges 信号站 3.9′	54°50′.9	68°22′.8	直线
H-477	177	280 Bridges 信号站 4.7′	54°51′.4	68°24′.3	正常
H-477	178	Estorbo 岛南端	54°52′.1	68°27′.7	直线
H-477	179	Redonda 岛东南端	54°52′.1	68°28′.7	直线
H-477	179	Redonda 岛东南端	54°52′.1	68°28′.7	直线
H-477	180	Redonda 岛的最南岛以南	54°52′.3	68°28′.9	直线
H-477	181	Redonda 岛西南端	54°52′.2	68°29′.4	直线

续 表

地　图	点	地理特征	地理坐标		基　线
			南　纬	西　经	
H-477	182	Entrada 角的南岛	54°52′.4	68°30′.3	直线
H-477	183	Bahía Chica 的东端以南	54°52′.9	68°32′.0	直线
H-477	184	218 Sáenz Valiente 信号站 0.8′	54°52′.7	68°34′.0	直线
H-477	185	阿根廷共和国与智利共和国的国际边界 Estados 岛和邻近岛屿	54°53′.9	68°36′.6	正常
第 H-418 号地图——1985 年第 2 版——比例尺 1：125 000					
H-418	186	Galeano 岬	54°46′.6	64°41′.6	
H-418	187	Beaulieu 岬	54°46′.3	64°39′.0	直线
H-418	188	San Antonio 岬	54°43′.2	64°32′.8	直线
H-418	189	Colnett 岛北端	54°41′.9	64°20′.4	直线
H-418	190	Gutiérrez 岛北端	54°39′.9	64°15′.6	直线
H-418	191	Observatorio 岛西北端	54°38′.8	64°09′.8	直线
H-418	192	Observatorio 岛西北端	54°38′.8	64°06′.6	正常
H-418	193	Furneaux 岬	54°42′.7	63°52′.7	直线
H-418	194	San Juan 岛	54°42′.7	63°48′.8	直线
H-418	195	Ojeda 湾东口	54°43′.3	63°48′.0	直线
H-418	196	Sapo 礁	54°44′.6	63°48′.1	直线
H-418	197	202 Sapo 礁 0.2′	54°44′.7	63°48′.2	直线
H-418	198	Fallows 角的最南岛	54°47′.2	63°50′.8	直线
H-418	199	Ventana 角	54°48′.6	63°57′.2	直线
H-418	200	De Chiara 岛南端	54°52′.6	64°10′.6	直线
H-418	201	350 Pies 群岛的最南岛	54°55′.0	64°37′.2	直线
H-418	202	San Bartolomé 岬	54°54′.8	64°42′.4	直线
H-418	203	Sur 岬	54°51′.1	64°45′.0	直线
H-418	204	Los Tres García 群岛的最南岛	54°54′.3	64°46′.8	直线

续 表

地 图	点	地理特征	地理坐标		基 线
			南 纬	西 经	
H-418	205	Los Tres García 群岛的最北部以西	54°50′.0	64°46′.8	直线
马尔维纳斯群岛（MALVINAS ISLANDS） Gran Malvina 岛和邻近岛屿 第 H-410 号地图——1981 年第 2 版——比例尺 1：200 000					
H-410	207	Rasa del Oeste 岛北端	50°58′.8	61°26′.2	
H-410	208	Rasa del Este 岛北端	50°59′.1	61°17′.6	直线
H-410	209	Salvaje del Este 岛的西北岛	51°00′.4	61°07′.6	直线
H-410	210	Salvaje del Este 岛的北岛东北端	51°00′.7	61°05′.3	直线
H-410	211	Escarceos 群岛的最北岛	51°02′.2	60°58′.0	直线
H-410	212	Chata 岛北端	51°04′.4	60°53′.6	直线
H-410	213	Afelpada del Norte 岛东端	51°06′.6	60°43′.0	直线
H-410	214	Culebra 岛西端	51°08′.2	60°26′.1	直线
H-410	215	Culebra 岛东端	51°08′.1	60°22′.5	正常
H-410	216	Los Hermanos 岛东北端	51°08′.7	60°14′.3	直线
H-410	217	Gobierno 岛北端	51°12′.3	59°55′.0	直线
H-410	218	Blanco 岛北端	51°14′.0	59°46′.9	直线
H-410	219	Jenesta 角	51°15′.2	59°36′.7	直线
H-410	220	Tamar 岬	51°16′.2	59°29′.7	直线
第 H-411 号地图——1981 年第 2 版——比例尺 1：200 000					
H-411	220	Tamar 岬	51°16′.2	59°29′.7	
H-411	221	Tamar 角以北	51°19′.7	59°23′.8	直线
H-411	222	Blanca 礁	51°23′.7	59°11′.7	直线
H-411	223	Jersey 角北端	51°25′.9	59°12′.2	直线
H-411	224	De los Brazos 港北入口	51°31′.4	59°20′.2	正常
H-411	225	Brazos 角北端	51°31′.6	59°20′.4	直线

续 表

地　图	点	地理特征	地理坐标		基　线
			南　纬	西　经	
H-411	226	Empuje 角	51°35′.8	59°22′.8	直线
H-411	227	Escarpada	51°38′.0	59°27′.0	正常
H-411	228	Cisne del Norte 岛北端	51°43′.3	59°30′.9	直线
第 H-410 号地图——1981 年第 2 版——比例尺 1：200 000					
H-410	228	Cisne del Norte 岛北端	51°43′.3	59°30′.9	
H-410	229	Cisne del Nort 岛南端	51°44′.5	59°31′.2	正常
H-410	230	Cisne 岛东南端	51°47′.6	59°33′.0	直线
H-410	231	Cisne 岛西南端	51°47′.8	59°37′.1	正常
H-410	232	Cisne Oeste 岛南端	51°47′.5	59°39′.6	直线
H-410	233	255 Cisne Oeste 岛南端 2.3′	51°48′.2	59°43′.2	直线
H-410	234	229 Cisne Oeste 岛南端 7.3′	51°52′.3	59°48′.3	直线
H-410	235	Oeste 岛北端	51°57′.6	59°49′.7	直线
H-410	236	Oeste 岛南端	51°57′.8	59°50′.0	正常
H-410	237	Este 角以南	51°59′.6	59°58′.8	直线
H-410	238	Este 角以南	51°59′.7	60°05′.6	直线
H-410	239	225 Oeste 角以南 9.2′	52°06′.1	60°16′.2	直线
H-410	240	191 Lucas 角 2.8′	52°12′.6	60°24′.0	直线
H-410	241	Franceses 群岛的最西部东端	52°13′.0	60°29′.2	直线
H-410	242	Franceses 群岛的最西部西南端	52°13′.4	60°30′.8	正常
H-410	243	Belgrano 岬的最南岛	52°14′.5	60°39′.8	直线
H-410	244	Pájaro 岛东南端	52°09′.2	60°54′.5	直线
H-410	245	Pájaro 岛西端	52°09′.1	60°55′.8	正常
H-410	246	Chacabuco 高地	52°03′.5	61°02′.8	直线
H-410	247	Foca 岛西端	51°59′.1	61°06′.2	直线
H-410	248	Percival 岬以西 –San Rafael 岛	51°48′.9	61°20′.3	直线

续 表

地 图	点	地理特征	地理坐标		基 线
			南 纬	西 经	
H-410	249	Percival 岬 –San Rafael 岛	51°48′.3	61°20′.6	正常
H-410	250	De Goicochea 岛西北端	51°39′.9	61°19′.8	直线
H-410	251	Norte 岛北端	51°37′.4	61°13′.8	直线
H-410	252	Cuarta 岛西端	51°32′.3	60°53′.0	直线
H-410	253	Divisoria 岛西端	51°27′.1	60°43′.9	直线
H-410	254	Oeste 角 – Remolinos 岛	51°21′.9	60°42′.1	直线
H-410	255	Blanca 礁西端	51°16′.3	60°52′.8	直线
H-410	256	Arrecifes 岛的最西岛	51°12′.2	60°56′.7	直线
H-410	257	Salvaje del Oeste 岛南端	51°02′.7	61°10′.2	直线
H-410	258	Rasa del Oeste 岛东南端	50°59′.3	61°25′.8	直线
H-410	207	Rasa del Oeste 岛北端	50°58′.8	61°26′.2	正常
Soledad 岛和邻近岛屿 第 H-411 号地图——1981 年第 2 版——比例尺 1：200 000					
H-411	259	Remolinos 礁	51°11′.2	59°03′.3	
H-411	260	Leal 岬	51°13′.7	58°58′.4	直线
H-411	261	Concordia 礁	51°16′.7	58°36′.7	直线
H-411	262	270 Alto 岬 2.4′	51°17′.1	58°32′.5	直线
H-411	263	Alto 岬	51°17′.2	58°28′.8	直线
H-411	264	304 Negra 角 1.8′	51°18′.3	58°24′.8	直线
H-411	265	Negra 角	51°19′.3	58°22′.3	直线
H-411	266	Bahía Marville 的最北岛	51°21′.5	58°13′.6	直线
H-411	267	Lamadrid 高地的北岛	51°22′.2	57°59′.8	直线
H-411	268	313 Corrientes 岬 2.2′	51°23′.4	57°53′.2	直线
H-411	269	Corrientes 岬	51°24′.8	57°50′.9	直线
H-411	270	Voluntario 角的最东岛	51°31′.3	57°43′.5	直线

续 表

地 图	点	地理特征	地理坐标		基 线
			南 纬	西 经	
H-411	271	Celebrona 角	51°38′.6	57°43′.2	直线
H-411	272	Foca 礁群东端	51°40′.5	57°41′.0	直线
H-411	273	Lobo 礁的东岛	51°43′.6	57°44′.6	直线
H-411	274	Foca 角	51°44′.3	57°50′.3	直线
H-411	275	Puerto Enriqueta 角西南	51°44′.9	57°52′.8	正常
H-411	276	Este 岛的东南岛南端	51°47′.4	58°03′.6	直线
H-411	277	Nordeste 岛东端	52°00′.5	58°21′.6	直线
H-411	278	Aguda 角 -Bougainville 岛	52°04′.9	58°25′.6	直线
H-411	279	Cuervo Marino 礁	52°12′.8	58°39′.8	直线
H-411	280	León Marino Este 岛东南端	52°25′.4	58°53′.3	直线
H-411	281	León Marino Este 岛西南端	52°25′.7	58°55′.0	正常
H-411	282	Brandy 岛的东岛南端	52°25′.7	58°58′.9	直线
H-411	283	Brandy 岛南端	52°25′.6	58°59′.9	直线
H-411	284	Principal 岛的东南岛南端	52°25′.7	59°04′.1	直线
H-411	285	Principal 岛南端	52°25′.6	59°07′.0	直线
H-411	286	Principal 岛西端	52°25′.3	59°09′.3	正常
H-411	287	Marsopa 角南端	52°20′.8	59°21′.7	直线
第 H-401 号地图——1985 年第 2 版——比例尺 1：500 000					
H-401	287	Marsopa 角南端	52°20′.8	59°21′.7	
H-401	288	Pelada 岛南端	52°22′.9	59°41′.5	直线
第 H-410 号地图——1981 年第 2 版——比例尺 1：200 000					
H-410	288	Pelada 岛南端	52°22′.9	59°41′.5	
H-410	289	Pelada 岛西南	52°22′.6	59°44′.7	正常
H-410	290	Jorge 岛南端	52°22′.3	59°46′.7	直线
H-410	291	330 Jorge 岛南端 0.8′	52°21′.6	59°47′.6	正常

续 表

地 图	点	地理特征	地理坐标		基 线
			南 纬	西 经	
H-410	292	334 Jorge 岛南端 1.6′	52°20′.7	59°48′.0	直线
H-410	293	Jorge 岛西端	52°19′.9	59°48′.5	正常
H-410	294	201 Libertad 岛南端 5.3′	52°09′.1	59°47′.1	直线
H-410	295	223 Libertad 岛南端 5.2′	52°07′.9	59°49′.8	直线
H-410	296	Elefante 群岛的最西部以西	52°06′.5	59°51′.7	直线
H-410	297	Calista 岛西南	52°01′.2	59°51′.4	直线
H-410	298	Calista 岛北端	52°00′.0	59°51′.1	正常
H-410	299	Grande 岛西北	51°55′.4	59°42′.3	直线
H-410	300	Tyssen 群岛最西部西南	51°52′.9	59°40′.9	直线
H-410	301	Tyssen 群岛最西部以北	51°52′.2	59°39′.8	正常
H-410	302	Tyssen 群岛的中部岛	51°51′.4	59°38′.7	直线
H-410	303	Tyssen 群岛最北部西北	51°48′.3	59°38′.5	直线
H-410	304	Tyssen 群岛最北部以北	51°51′.4	59°38′.7	直线
H-410	305	Barranco Alto 岛的西南岛西北端	51°50′.7	59°37′.0	直线
第 H-411 号地图——1981 年第 2 版——比例尺 1：200 000					
H-411	305	Barranco Alto 岛的西南岛西北端	51°48′.3	59°30′.5	
H-411	306	Barranco Alto 岛北端	51°47′.3	59°29′.2	直线
H-411	307	Esperanza 半岛的最北岛	51°45′.5	59°21′.2	直线
H-411	308	Dos Lomas 半岛西端	51°44′.2	59°18′.2	直线
H-411	309	Noroeste 群岛的西岛以西	51°35′.3	59°13′.1	直线
H-411	310	Chancho 角	51°29′.7	59°08′.0	直线
H-411	311	Güemes 高地的南角	51°28′.2	59°08′.3	直线
H-411	312	Güemes 高地的北角	51°26′.4	59°08′.5	正常
H-411	313	Correntada 角	51°24′.4	59°06′.2	直线
H-411	314	Marea 礁	51°25′.2	59°09′.4	脱离正常

续 表

地 图	点	地理特征	地理坐标		基 线
			南 纬	西 经	
H-411	313	Correntada 角	51°24′.4	59°06′.2	
H-411	315	Del Medio 角	51°22′.9	59°00′.7	直线
H-411	259	Remolinos 礁	51°11′.2	59°03′.3	直线
Beauchene 岛 第 H-401 号地图——1985 年第 2 版——比例尺 1：500 000					
H-401	316	Beauchene 岛	52°52′.5	59°11′.0	脱离正常
SOUTH GEORGIA ISLANDS Cormorán 礁群 第 94 号地图——1949 年第 1 版——比例尺 1：500 000					
94	317	Comorán 礁群	53°29′.0	42°27′.0	脱离正常
Negra 礁群					
94	318	Negra 礁群	53°34′.8	42°12′.0	脱离正常
San Pedro 岛 第 H-610 号地图——1981 年第 1 版——比例尺 1：200 000					
H-610	319	Ramp 礁	53°59′.4	38°18′.2	
H-610	320	076 Ramp 礁 0.4′	53°59′.3	38°17′.8	直线
H-610	321	090 Ramp 礁 0.8′	53°59′.4	38°16′.9	直线
H-610	322	Willis 岛的西岛	53°59′.6	38°14′.2	直线
H-610	323	Principal 岛的北岛	53°59′.8	38°12′.3	直线
H-610	324	Trinidad 岛的北岛以北	53°59′.5	38°10′.6	直线
H-610	325	Pájaro 岛的最西岛以北	53°59′.6	38°02′.5	直线
H-610	326	Los Hermanos 礁群的北礁	53°59′.3	37°55′.2	直线
H-610	327	079 Orgullo 山 2.1′	54°00′.0	37°51′.6	直线
H-610	328	Roca Baja 角	54°00′.6	37°50′.6	直线
H-610	329	Norte 岬	53°58′.3	37°44′.5	直线
H-610	330	Alta 礁	53°57′.5	37°29′.4	直线

续 表

地 图	点	地理特征	地理坐标		基 线
			南 纬	西 经	
H-610	331	Buller 岬的东岛	53°59′.2	37°22′.1	直线
H-610	332	Skua 岛北端	54°00′.6	37°14′.9	直线
H-610	333	Crewe 岬	54°02′.3	37°07′.8	直线
H-610	334	Constancia 岬	54°03′.1	36°59′.0	直线
H-610	335	Contraste 礁群	54°03′.5	36°57′.7	直线
H-610	336	055 Morse 角 1.4′	54°03′.9	36°54′.5	直线
H-610	337	Los Guías 群岛的西北端	54°04′.5	36°51′.4	直线
H-610	338	Optimo 岬	54°05′.4	36°48′.6	直线
H-610	339	Robertson 角	54°06′.2	36°45′.9	直线
H-610	340	087 Robertson 角 1.2′	54°06′.1	36°44′.0	直线
H-610	341	出现在 Primer Mojón 礁东南的礁石	54°06′.5	36°40′.3	直线
H-610	342	Bahía Hércules 东角附近岛屿	54°06′.8	36°38′.7	直线
H-610	343	316 Jorge 岬 2.4′	54°15′.3	36°18′.2	直线
H-610	344	Jorge 岬的东南岛	54°17′.2	36°14′.8	直线
H-610	345	Johannsen 湾的南岛	54°19′.0	36°14′.4	直线
H-610	346	Pingüino 角的东岛	54°20′.5	36°12′.4	直线
H-610	347	Vakop 岬的北岛	54°22′.2	36°09′.3	直线
H-610	348	Harcourt 岛东端	54°29′.9	35°59′.2	直线
H-610	349	Carlota 岬的北岛	54°32′.3	35°53′.3	直线
H-610	350	Filchner 礁群的北礁	54°41′.7	35°43′.7	直线
H-610	351	Vehsel 岬	54°45′.7	35°47′.6	直线
H-610	352	Cooper 岛的东北岛	54°47′.6	35°45′.8	直线
H-610	353	Cooper 岛东北端	54°47′.9	35°45′.9	直线
H-610	354	Cooper 岛西南	54°49′.2	35°48′.1	正常

续 表

地图	点	地理特征	地理坐标		基线
			南纬	西经	
H-610	355	Pellegrini 角	54°51′.1	35°55′.8	直线
H-610	356	Shannon 角的南岛	54°51′.9	35°57′.5	直线
H-610	357	Runbolds 角的南岛	54°52′.5	35°58′.8	直线
H-610	358	Primera 礁	54°55′.3	36°06′.8	直线
H-610	359	Brode 岛	54°54′.3	36°07′.2	直线
H-610	360	Desengaño 岬的西岛	54°52′.7	36°07′.4	直线
H-610	361	Bordal 礁	54°49′.4	36°14′.3	直线
H-610	362	Díaz 湾的最西岛以南	54°45′.4	36°19′.6	直线
H-610	363	Pickersgill 岛的最西岛	54°37′.7	36°46′.1	直线
H-610	364	Sudoeste 角 -Annenkov 岛	54°30′.7	37°05′.5	直线
H-610	365	Perdida 礁	54°29′.6	37°08′.5	直线
H-610	366	Primera 角 -Annenkov 岛	54°28′.3	37°07′.4	直线
H-610	367	Núñez 岬的西岛	54°15′.8	37°26′.3	直线
H-610	368	Yunke 礁群的西礁	54°10′.2	37°42′.0	直线
H-610	369	Paryadin 岬的最西岛	54°04′.3	38°01′.8	直线
H-610	370	Principal 岛的南岛西南	54°01′.2	38°15′.7	直线
H-610	371	Principal 岛的北岛西南	54°00′.8	38°16′.3	直线
H-610	319	Ramp 礁	53°59′.4	38°18′.2	直线
Clerke 礁群 第 94 号地图——1949 年第 1 版——比例尺 1：500 000					
94	372	Clerke 礁群	55°00′.0	34°50′.0	脱离正常
SOUTH SANDWICH ISLANDS					
Traverse 群岛（Zavodovski 岛，Leskov 岛，Visokoi 岛） 第 H-601 号地图——1981 年第 1 版——比例尺 1：500 000					
H-601	373	Zavodovski 岛	56°15′.0	27°33′.0	脱离正常

续 表

地 图	点	地理特征	地理坐标		基 线
			南 纬	西 经	
H-601	374	Visokoi 岛和附近礁石	56°40′.0	27°08′.0	脱离正常
H-601	375	Leskov 岛	56°38′.5	28°07′.9	脱离正常
Candelaria 群岛（Vindicación 岛，Candelaria 岛）					
H-601	376	Santa 礁西端	57°02′.5	26°48′.1	
H-601	377	Santa 礁的最北礁	57°02′.4	26°48′.1	直线
H-601	378	Vulcano 角	57°02′.1	26°42′.8	直线
H-601	379	Lengua 角	57°02′.0	26°39′.4	直线
H-601	380	Negra 礁	57°02′.6	26°37′.9	直线
H-601	381	Candelaria 岛东北	57°02′.8	26°38′.4	直线
H-601	382	Candelaria 岛西南端	57°04′.4	26°41′.0	正常
H-601	383	Polux 礁	57°05′.4	26°45′.7	直线
H-601	384	Boton 角的 Buda 礁西南	57°04′.8	26°47′.6	直线
H-601	385	Perfil 礁 -Vindicación 岛西北	57°03′.9	26°47′.2	直线
H-601	376	Santa 礁西端	57°02′.5	26°48′.1	直线
Saunders 群岛					
H-601	386	Harper 角	57°43′.0	26°26′.9	
H-601	387	Hermanos 礁群的最北礁	57°43′.8	26°21′.8	直线
H-601	388	Aguado 角	57°46′.1	26°20′.1	直线
H-601	386	Harper 角	57°43′.0	26°26′.9	正常
Jorge 岛					
H-601	389	Pescadora 角	58°21′.3	26°25′.5	
H-601	390	Dedo Pulgar 礁	58°20′.6	26°23′.0	直线
H-601	391	0.84 Dedo Pulgar 礁 1.0′	58°20′.5	20°20′.0	直线
H-601	392	321 Leeson 角 1.5′	58°21′.0	26°15′.5	直线
H-601	393	Leeson 角群岛	58°21′.9	26°13′.9	直线

续 表

地 图	点	地理特征	地理坐标		基 线
			南 纬	西 经	
H-601	394	Leeson 角	58°22′.0	26°13′.8	直线
H-601	395	Alle 角	58°27′.9	26°13′.8	正常
H-601	396	Scarlett 角的南岛	58°27′.2	26°19′.0	直线
H-601	397	Horsburgh 角的南岛	58°25′.5	26°24′.5	直线
H-601	398	Hueca 角	58°24′.2	26°26′.9	直线
H-601	399	350 Hueca 角 1.5′	58°22′.6	26°27′.4	直线
H-601	389	Pescador 角	58°21′.3	26°25′.5	直线
Blanco 岛					
H-601	400	Teniente Santi 角	58°58′.7	26°34′.2	
H-601	401	Harker 角	59°03′.2	26°34′.3	正常
H-601	402	270 Harker 角 0.5′	59°03′.3	26°35′.0	直线
H-601	403	Freezland 礁的最西礁	59°01′.4	26°44′.0	直线
H-601	400	Teniente Santi 角	58°58′.7	26°34′.2	直线
Tole del Sur 群岛（Morrell 岛，Cook 岛，Bellingshausen 岛）					
H-601	404	Playa 角	59°24′.9	27°18′.4	
H-601	405	Playa 角最东礁	59°24′.9	27°16′.6	直线
H-601	406	Cook 岛西北	59°25′.6	27°13′.8	直线
H-601	407	Norte 角 -Bellingshausen 岛	59°24′.2	27°04′.8	直线
H-601	408	Isaacson 角 -Bellingshausen 岛	59°25′.2	27°04′.7	正常
H-601	409	Cook 岛东南	59°27′.6	27°08′.1	直线
H-601	410	Arrecife 角	59°27′.2	27°14′.8	正常
H-601	411	Twitcher 礁	59°27′.3	27°16′.5	直线
H-601	412	Corbeta Uruguay 半岛	59°27′.6	27°17′.7	直线
H-601	404	Playa 角	59°24′.9	27°18′.4	正常

巴哈马国
Bahamas

（英文文本截止于2010年12月13日）

渔业资源（管辖与养护）法
（1977年6月16日第13号）

本法规定巴哈马渔业资源的养护和管理，并且将巴哈马的管辖权范围延伸到这些渔业资源以及与此有关的事项或附带情况。

第一条

本法可称为《1977年渔业资源（管辖与养护）法》。

第二条

1. 在本法中，除非另有规定

…………

“大陆架”是指属于巴哈马的大陆架，即邻接海岸且位于巴哈马的领海之外深达200米的海底区域的海床和底土，或在200米界限之外，其上覆水域的深度允许开发自然资源的海底区域的海床和底土。

…………

第十一条

1. 在本条第3款的限制下，若巴哈马的专属渔区与邻国的领海、大陆架或专属渔区的界限重叠，则仅在巴哈马承认该界限是依据国际法有效确立的范围内，国家元首可以向该外国提议并进行谈判，以便确立专属渔区和该外国的领海、大陆架或专属渔区之间的界限。

2. 若没有划定专属渔区和邻国的领海、大陆架或专属渔区之间界限的协议，则专属渔区的界限确定如下：

（1）对于专属渔区水域中的渔业资源，为其上各点与该国确定的领海基线间的距离是 12 英里的一条线。

（2）对于海床和底土的渔业资源——

①若巴哈马与邻国间有连续的大陆架，则为其上每点同大、小巴哈马浅滩（Great and Little Bahamas Banks）的边缘和该国测算领海的基线距离相等的一条线，而在大、小巴哈马浅滩以外的区域，则为其上每点同测算巴哈马和该外国各自领海的基线距离相等的一条线。

②若巴哈马与邻国间没有连续的大陆架，则该国大陆架的界限应依据国际法确定；但是，若有意达成划界协议，国家元首可以通过命令或与邻国的暂时协议临时确定一条界线。

3. 在履行本条规定的权力时，国家元首应当考虑巴哈马长久以来对大、小巴哈马浅滩行使的主权，以及为勘探、开发、保护和管理大、小巴哈马浅滩的目的享有的专属管辖权。

…………

关于领海、群岛水域、内水和专属经济区的法案（1）
（1993 年第 37 号）

本法由巴哈马议会制定。

第一条　简称与生效

本法可称为《1993 年群岛水域与海洋管辖权法》，并且应于负责海洋法律事务的部长在政府公报上发布的通知所确定的日期生效。

第二条 解释

“群岛基线”指根据第三条第 2 款划定的基线；

“基线”指测量巴哈马领海宽度的起算线；

“《公约》”指 1982 年 12 月 10 日签署的《联合国海洋法公约》；

“专属经济区”指在第八条中确定的巴哈马专属经济区；

“无害通过”指被认为无损于巴哈马的和平、良好秩序或安全并且符合《公约》规定以及其他相关的国际法规则的通过；

“岛屿”指四面环水并在平均高潮时高于水面的自然形成的陆地；

“海里”指国际海里，1 海里相当于 1 852 米；

“部长”指负责领土与测量事务的部长；

“通过”指船舶航行在巴哈马的领海或群岛水域中不停止或下锚的航行，因不可抗力或危难或为援救遇险或遇难人员、船舶或航空器所必要的停留、徘徊、下锚也包括在内。

第三条 群岛水域

1. 巴哈马的群岛水域包括依据本条确定的基线所包围的区域。

2. 总督可以通过命令公布一个或更多的列表，引用官方海图上标明的地形或使用依据国际法确定的群岛基线，以确定巴哈马领海内部界限的地理坐标点，还可以在其认为必要时修改这些列表。

3. 对于依据第 2 款发布的列表中列出的、由官方海图标明地理特征或地理坐标点的任何区域，在列表使用沿岸低潮线作为特定点之间基线的任何例外的情况下，基线为连接列表中连续的各地理坐标点的直线。

4. 对于任何其他区域，直到依据第 2 款发布的列表公布官方海图标明的该区域地理特征或地理坐标点为止，基线仍为本法生效前所适用的那些线。

第四条 领海

1. 巴哈马领海包括以本条规定的基线为内部界限，并以其各点与基线上最近点距离 12 海里的向海一侧的线为其外部界限的区域。

2. 若群岛基线依据第三条划定，这些基线应是测量巴哈马领海宽度的基线。

3. 在其他任何情况下，测量巴哈马领海宽度的基线应是每个岛屿沿岸的低潮线。

4. 如果为了测量巴哈马领海宽度的目的而忽略所有的低潮高地，某个低潮高地全部或部分位于巴哈马领海以内，该低潮高地应被视为一个岛屿。

5. 为本条的目的，低潮高地是在低潮时四面环水并高于水面，在高潮时没入水中的自然形成的陆地。

第五条 无害通过权

1. 在本条第 2 款、第 3 款和第十三条的限制下，且在不违背第七条或第十一条规定的情况下，外国船舶应享有无害通过巴哈马群岛水域和领海的权利。

2. 如果外国船舶在通过巴哈马群岛水域和领海期间实施了以下任何行为，其通过应被认为有损于巴哈马的和平、良好秩序或安全：

（1）对巴哈马的主权、领土完整或政治独立进行任何武力威胁或使用武力，或以任何违反国际法原则的方式进行武力威胁或使用武力；

（2）以任何种类的武器进行任何操练或演习；

（3）任何目的在于搜集情报使巴哈马的防务或安全受损害的行为；

（4）任何目的在于影响沿海国防务或安全的宣传行为；

（5）违反关于外汇管理、海关、移民、卫生或药品的任何法案，上下任何人员、商品或货币；

（6）任何故意或可能造成对巴哈马及其资源或海洋环境的损害或危害的污染行为；

（7）任何捕鱼行为，但依据《渔业资源（管辖与保护）法》的捕鱼行为除外；

（8）任何目的在于干扰任何巴哈马通讯或通信系统的行为；

（9）任何总督可以命令公布的此类行为。

3. 在不违背本条第 2 款规定的情况下，如果船长或船舶负责人没有获得部长的事前允许，而该船舶在通过巴哈马群岛水域和领海期间实施了以下任何行为，外国船舶的通过应被认为有损于巴哈马的和平、良好秩序或安全：

（1）在船上发射、降落或接载任何飞机；

（2）在船上发射、降落或接载任何军事设备；

（3）从事研究或调查活动；

（4）潜艇或其他水下船只在水下航行。

第六条 执法官员搜查外国船舶的权力

1. 若外国船舶实施了第五条第 2 款和第 3 款列举的或第五条第 2 款（9）项规定的任何行为，或执法官员有合理理由认为外国船舶实施了任何此类行为，该执法官员可以在履行其职责期间：

（1）为询问和调查的目的，停止、登临并搜查船舶；

（2）无须许可令或其他程序即可扣留船舶并将其带至巴哈马的某一港口；

（3）无须逮捕证或其他程序即可逮捕船长和其合理怀疑参与损害巴哈马和平、良好秩序与安全的船舶行为的任何船上人员。

2. 若依据本条扣留外国船舶或逮捕任何人，应毫不迟延地将船舶或人员带至：

（1）巴哈马最近或最方便的地方，并交付最高级警官看守；或者

（2）治安法官处，以便其依法裁决。

3. 若外国船舶的通过被认为有损于巴哈马的和平、良好秩序与安全，对船长、船舶负责人或任何参与了被认为有害的船舶行为的人员以违法论处，并经简易程序判处 1 万美元的罚款或 5 年的监禁，或两者并处。

4. 除依据本条第 3 款判处任何刑罚外，法院亦可命令没收从事或用于违法事项的任何活动的船舶或设备并交与政府。

5. 任何人袭击或阻挠执法官员依据本条履行职责即为违法，并经简易程序判处 1 万美元的罚款或 5 年的监禁，或两者的并处。

6. 在本条中：

“执法官员”指任何治安官员，巴哈马皇家国防军的成员，海关官员或移民局官员。

第七条 内水

1. 巴哈马的内水包括本条提及的封闭线向陆一侧的海域。

2. 总督可以通过命令发布一个或多个地理坐标表，依据国际法以这些点确定内水的封闭线，并可以在其认为必要时修改这些列表。

第八条 专属经济区

1. 在本条的限制下，巴哈马的专属经济区包括以领海外部界限为其内部界限，以基线向海一侧且其各点与相应基线最近点距离 200 海里的线为

其外部界限的海域。

2. 为履行任何国际协定或任何国际机构裁决的目的，总督可以通过命令或以其他方式宣布，巴哈马专属经济区的外部界限为其各点与该命令规定的相应基线上最近点的距离小于 200 海里的线。

3. 若依据本条第 4 款确定的中间线与最近基线的距离不足 200 海里，并且当时没有依据本条第 2 款规定的其他线，则巴哈马专属经济区的外部界限为该中间线。

4. 中间线是其各点与测量巴哈马和任何邻国各自领海宽度的基线最近点距离相等的线。

第九条 主权

1. 巴哈马的主权及于领海、群岛水域、内水以及各水域的海床、底土和上空。

2. 在专属经济区内，巴哈马享有：

（1）为勘探、开发、养护和管理海床、底土及其上覆水域中的生物或非生物自然资源的目的的主权权利；

（2）为建造和授权并管理建造、操作和使用人工岛屿的专属权利；以及

（3）对人工岛屿的专属管辖，包括与海关、财政、健康、卫生、安全和移民有关的管辖权。

第十条 基线海图

部长可以敦促公布标明第三条和第四条规定的基线的海图。

第十一条 海道和空中航道

1. 总督可以通过命令指定适当的海道和空中航道，以便外国船舶和飞机继续不停、迅速通过或飞越其群岛水域和邻接的领海。

2. 在第五条的限制下，所有船舶和飞机均享有在本条第 1 款规定的海道和空中航道内的群岛海道通过权。

3. 群岛海道通过应当是按照国际法和巴哈马的法律，专为在公海或专属经济区的一部分和公海或专属经济区另一部分之间继续不停、迅速和无障碍地过境的目的，行使正常方式的航行与飞越的权利。

4. 海道应以通道进出点之间的一系列连续不断的中心线划定，通过群岛海道的船舶和飞机在通过时不应偏离这种中心线 25 海里以外，与巴哈马

各岛屿海岸的距离也不应小于海道或空中航道边缘各岛最近各点之间的距离的 10%。

5. 如果没有依据本条第 1 款指定海道与空中航道，在通常被用于国际航行的通道中得行使群岛海道通过权。

第十二条 交通分航道

总督可以通过命令在群岛海道中规定交通分航道以便船舶过境，并可调整这些航道。

第十三条 使用规定海道的船舶和交通

若依据第十一条和第十二条规定了海道和交通分航道：

（1）行使无害通过权通过巴哈马群岛水域和领海的外国船舶；以及

（2）行使群岛海道通过权的船舶，

应当使用指定的海道和交通分航道。

第十四条 向海界限的调整

只要总督考虑到国际法认为必要或适宜，他可以通过命令调整巴哈马领海向海一侧的界限。

第十五条 巴哈马领海与他国领海重叠

若巴哈马领海与他国领海重叠，仅在巴哈马承认界限是依据国际法有效确立的范围内，总督可以提出与该国进行谈判以确立巴哈马领海的界限，在没有协议的情况下，巴哈马领海界限不应超过其各点与测量巴哈马和他国各自领海宽度的基线上最近点距离相等的中间线。

第十六条 海图

1. 部长可以敦促在海图上标明依据第十五条达成的协议所确定的巴哈马领海，或与海图的性质和比例一致的该领海任何部分，以便公布。

2. 在任何法院的任何程序中，一项声称是由部长或其授权的人签署的证明书，并表明依据第十条或本条公布的海图是当时授权的准确海图，则该证明书应作为其所载事项的最终证据。

3. 若无相反证据，签署该证明书的人应推定为正式授权的签署人。

第十七条 保留条文

1. 本法的任何事项不得作不利于王国专属权利或特权的解释，或发生不利于王国专属权利或特权的效果。王国专属权利或特权包括巴哈马共和国与任何外国或其代理人在本法生效前后缔结的任何条约或协定授予的权力。

2. 为提及巴哈马领海或水域的任何法律的目的，除上下文另有规定外，这些法律应理解为包括了巴哈马的群岛水域并对之有效。

第十八条 废除

废除迄今适用于巴哈马的由英国议会颁布的 1878 年《领海管辖法》。

1993 年第 37 号群岛水域和海洋管辖权法（2）

行使 1993 年《群岛水域和海洋管辖权法》的第一条授予的权力，1996 年 1 月 4 日为 1993 年《群岛水域和海洋管辖权法》生效的时间。

群岛水域与海洋管辖权法（第二百二十八章）
群岛水域与海洋管辖权令
（2008 年）

行使《群岛水域及海洋管辖权法》第三条第（2）款授予的权力，总督特此发布以下命令：

1. 本命令可称为“2008 年群岛水域与海洋管辖权（群岛基线）令”。

2. 确定作为群岛水域外部界限和领海内部界限的巴哈马国群岛基线的地理坐标点是——

（1）以 1984 年世界大地测量系统（WGS84）的基准点为基础；

（2）规定在附件 1 中。

3.（1）第二段中的群岛基线在附件 2 中列明。

（2）根据附件 1 中规定的地理坐标确定的群岛基线应是测量巴哈马国领海和专属经济区的基线。

附件 1 用于确定巴哈马国群岛基线的地理坐标点（1984 年世界大地测量系统）

点	地理名称	北 纬	西 经
1	漫步者礁（Walker's Cay）	27°16′22.74138″	78°25′16.52046″
2	漫步者礁	27°15′43.54019″	78°21′04.75053″
3	阿巴科岛附近的礁石（Cay/Rock off of Abaco）	27°14′19.49672″	78°16′01.47211″
4	阿巴科岛附近的礁石	27°13′08.93732″	78°12′46.36072″
5	卡特礁（Carter's Cay）	27°05′13.57268″	77°59′48.32446″
6	梦莲礁（Moraine Cay）	27°02′38.53659″	77°46′24.23077″
7	梦莲礁	27°02′35.50331″	77°46′13.48603″
8	阿巴科岛附近的礁石	26°57′25.21218″	77°33′06.75857″
9	阿巴科岛附近的礁石	26°56′37.58084″	77°31′28.75417″
10	阿巴科岛附近的礁石	26°57′35.32738″	77°31′23.70923″
11	阿巴科岛附近的礁石	26°56′29.34224″	77°31′15.76183″
12	鲍威尔礁（Powel Cay）	26°54′39.68819″	77°28′29.94990″
13	鲍威尔礁	26°54′33.57811″	77°28′20.85446″
14	楠杰克礁（Nun Jack Cay）	26°50′45.40917″	77°23′04.19562″
15	大瓜纳礁（Great Guana Cay）	26°42′19.66613″	77°09′32.23539″
16	苏格兰礁（Scotland Cay）	26°39′05.59160″	77°04′32.25558″

续 表

点	地理名称	北　纬	西　经
17	苏格兰礁	26°38′12.11239″	77°03′10.11353″
18	战舰礁（Man of War Cay）	26°37′00.03040″	77°01′20.27302″
19	阿巴科岛附近的礁石	26°34′31.92437″	76°58′36.94314″
20	埃尔博礁（Elbow Cay）	26°33′31.33490″	76°57′37.13959″
21	埃尔博礁	26°32′19.43260″	76°57′30.39684″
22	埃尔博礁	26°32′58.10648″	76°57′22.53029″
23	埃尔博礁	26°32′12.36026″	76°57′21.39033″
24	伊柳塞拉岛（Eleuthera）	25°09′41.40925″	76°07′52.91286″
25	卡特岛（Cat Island）	24°41′01.47041″	75°40′28.86923″
26	卡特岛	24°39′08.47227″	75°38′23.86147″
27	卡特岛	24°38′16.99114″	75°37′30.02454″
28	怀特礁，圣萨尔瓦多（White Cay,San Salvador）	24°09′41.62705″	74°28′35.75392″
29	人头礁，圣萨尔瓦多（Man Head Cay, San Salvador）	24°07′34.62143″	74°26′55.97085″
30	人头礁，圣萨尔瓦多	24°07′28.29211″	74°26′51.49185″
31	萨马纳礁群（Samana Cays）	23°04′51.37382″	73°36′06.71778″
32	萨马纳礁群	23°04′45.82356″	73°36′03.68596″

续 表

点	地理名称	北　纬	西　经
33	马亚瓜纳岛（Mayaguna Island）	22°19′12.25538″	72°40′10.99276″
34	马亚瓜纳岛	22°18′24.35151″	72°39′44.75746″
35	小伊纳瓜（Little Inagua）	21°29′18.61463″	72°54′59.92065″
36	小伊纳瓜	21°29′07.91511″	72°55′06.59873″
37	大伊纳瓜（Great Inagua）	21°11′43.71530″	73°01′04.09407″
38	大伊纳瓜	21°09′06.33332″	73°02′12.30585″
39	大伊纳瓜	21°09′00.35682″	73°02′15.50744″
40	大伊纳瓜	21°08′57.58091″	73°02′17.56099″
41	大伊纳瓜	21°08′42.98818″	73°02′27.70746″
42	大伊纳瓜	21°07′54.07989″	73°03′04.38029″
43	大伊纳瓜	20°56′26.50377″	73°10′31.15649″
44	大伊纳瓜	20°54′22.01102″	73°38′46.70054″
45	大伊纳瓜	20°55′02.34958″	73°39′39.85026″
46	大伊纳瓜	20°55′05.12227″	73°39′44.24033″
47	大伊纳瓜	20°55′58.87920″	73°40′27.56698″
48	大伊纳瓜	20°56′00.70975″	73°40′28.12483″
49	大伊纳瓜	20°56′08.59392″	73°40′31.73067″

续 表

点	地理名称	北 纬	西 经
50	大伊纳瓜	20°56′10.85737″	73°40′32.95148″
51	大伊纳瓜	20°56′27.52912″	73°40′38.42491″
52	大伊纳瓜	20°56′28.75195″	73°40′38.92617″
53	大伊纳瓜	20°56′29.18488″	73°40′38.99894″
54	大伊纳瓜	20°56′31.02291″	73°40′39.24957″
55	大伊纳瓜	20°56′34.08375″	73°40′39.17680″
56	大伊纳瓜	20°56′39.11930″	73°40′39.24957″
57	大伊纳瓜	20°56′41.99781″	73°40′39.61338″
58	大伊纳瓜	20°56′48.80290″	73°40′40.65633″
59	大伊纳瓜	20°57′45.50349″	73°40′51.55469″
60	圣多明各礁（Cay Santa Domingo）	21°43′08.89816″	75°45′28.89755″
61	洛沃斯礁（Cay Lobos）	22°22′44.02868″	77°35′11.07912″
62	金乔斯礁（Guincho Cay）	22°44′54.78658″	78°06′58.43782″
63	南安圭拉礁（South Anguilla Cay）	23°29′21.26984″	79°30′52.88234″
64	萨尔礁（Cay Sal）	23°41′08.97774″	80°23′09.51634″
65	萨尔礁	23°41′09.00752″	80°23′11.40819″
66	萨尔礁	23°41′09.53616″	80°23′12.55624″

续 表

点	地理名称	北 纬	西 经
67	萨尔礁	23°41′33.63702″	80°23′33.43129″
68	埃尔博礁群	23°54′23.18496″	80°28′54.84401″
69	埃尔博礁群	23°55′12.67771″	80°28′31.35755″
70	埃尔博礁群	23°55′14.58031″	80°28′30.23376″
71	埃尔博礁群	23°55′22.62170″	80°28′24.88968″
72	埃尔博礁群	23°55′33.73225″	80°28′18.55926″
73	埃尔博礁群	23°55′38.08722″	80°28′16.14998″
74	双头弹礁群（Double-Headed Shot Cays）	23°56′21.12188″	80°27′49.67213″
75	双头弹礁群	23°56′39.72861″	80°27′33.29225″
76	双头弹礁群	23°56′48.41496″	80°27′24.99721″
77	沃特礁群（Water Cays）	23°57′34.24407″	80°26′14.00425″
78	多格礁群（Dog Rocks）	24°03′59.59047″	79°52′47.24246″
79	奥兰治礁（Orange Cay）	24°56′19.16889″	79°08′25.89181″
80	南赖丁礁（South Riding Rock）	25°14′06.41833″	79°09′05.20837″
81	布朗礁（Brown's Cay）	25°23′57.01557″	79°12′03.64074″
82	韦奇礁（Wedge Rock）	25°39′29.38474″	79°16′04.21316″
83	南卡特礁（South Cat Cay）	25°35′09.14128″	79°18′17.30576″

续 表

点	地理名称	北　纬	西　经
84	通向比米尼的礁石（Cay leading to Bimini）	25°35′51.96540″	79°18′36.98425″
85	通向比米尼的礁石	25°36′56.69561″	79°18′49.49150″
86	南皮克特礁（South Picket Rock）	25°37′40.95281″	79°18′52.12715″
87	北皮克特礁（North Picket Rock）	25°37′48.63394″	79°18′53.92199″
88	三角礁群（Triangle Rocks）	25°38′09.25799″	79°18′52.90330″
89	比米尼（Bimini）	25°41′54.40831″	79°18′20.40225″
90	北比米尼附近未命名的礁石（Unamed rock off N.Bimini）	25°43′26.35667″	79°18′19.22187″
91	北比米尼附近未命名的礁石	25°45′40.70569″	79°17′07.44468″
92	北礁（North Rock）	25°48′08.34665″	79°15′47.21075″
93	母雏礁群（Hen and Chicken Cays）	25°58′57.46966″	79°07′46.90672″
94	大艾萨卡礁（Great Isaaca Cay）	26°01′40.20717″	79°05′35.22089″
95	大巴哈马西北附近的礁石（Cay/Rock off of North West Grand Bahama）	26°57′05.20104″	79°06′19.18623″

巴巴多斯
Barbados

（英文文本截止于 2009 年 1 月 15 日）

第 1977-26（1）号领水法

第一条 简称

本法可称为《1977 年巴巴多斯领水法》。

第二条 解释

“主管机关”指部长或为本法目的经其指定为主管部门的任何人；

“外国船舶”指外国的船舶；

“外国”指巴巴多斯以外的国家；

“无害通过”指被认为无损于巴巴多斯的和平、良好秩序或安全的通过；

“内水”指第五条确定的巴巴多斯的内水；

“低潮线”指平均大潮低潮时巴巴多斯海岸的低潮线；

“部长”指负责外部事务的部长；

“海里”是指国际海里；

“通过”指船舶在经过群岛水域或领海时不停止或下锚的航行，因不可抗力或失事或为援救遇险或遇难人员、船舶或航空器所必要的停留、徘徊、下锚也包括在内；

“船舶”包括各种船只或各种海上航行器；

“水下区域”包括海床及其底土；

“领水”指第三条所述巴巴多斯的领水。

第三条 领水的界限

1. 巴巴多斯的领水包括以第四条所指或根据该条所规定的基线为向陆界限，以其各点与该基线或部长通过命令规定的基线最近各点的距离为 12 海里的界线为向海界限的海域。

2. 领水包括其海底区域，是构成巴巴多斯领土的组成部分。

3. 根据本条第 1 颁布的命令，应经参议院和众议院决议通过。

第四条 领水基线

1. 在本条第 2 款的限制下，巴巴多斯海岸的低潮线应为领水基线。

2. 部长可以通过命令规定取代本条第 1 款所述基线的其他基线，可混合使用自巴巴多斯海岸各点划定的直线基线与低潮线。

3. 如果已依据本条第 2 款确定基线，部长应敦促在大比例尺地图或海图上标明根据第 2 款规定的基线、领水向海的边界线。为一切法律的目的，该地图或海图应以法律程序公布，标明测算领水的基线、领水宽度及界限。

4. 部长应制定本条第 3 款所述地图或海图的安全存放规则，并通过公告规定公众可以查阅地图或海图的场所以及可以取得核准副本的地点。

5. 为本法的目的，作为港口、码头或海港体系组成部分的永久海港工程和众所周知的位于圣菲利普区（Saint Philip）海岸的库尔佩珀岛（Culpepper Island）应视为巴巴多斯海岸的组成部分。

第五条 内水

第四条具体制定或规定的基线向陆一侧的海域是内水，连同其海底区域构成巴巴多斯领土的组成部分。

第六条 无害通过权的享有

1. 在本条第 2 款和第七条第 1 款的限制下，外国船舶享有在领海中无害通过的权利。

2. 若外国军舰所属国未取得主管机关的事前许可，该军舰不得在领水航行。

第七条 非无害通过

1. 在本条第 2 款的限制下，外国船舶未经船长或该船负责人事先取得主管机关的许可而在领水从事以下任何活动，其通过应视为有损于巴巴多斯的和平、良好秩序或安全：

（1）以任何种类的武器进行任何操练或演习；

（2）任何目的在于搜集有关巴巴多斯防务、安全或社会经济条件以及周边状况的情报的行为；

（3）违反关于外汇管理、海关、移民、卫生或药品的任何法律，上下任何人员、商品或货币；

（4）任何故意或可能损害或危害巴巴多斯及其资源或海洋环境的污染行为；

（5）捕鱼或获取生物或非生物资源；

（6）进行任何类型的研究或测量活动；

（7）任何目的在于干扰巴巴多斯的任何通信系统或电信系统的行为，不论该系统位于陆地、海面或水下；

（8）潜艇或其他潜水器的水下航行；

（9）规定的其他行为。

2. 若外国军舰未获得第六条第 2 款规定的许可即在领海中航行，该航行视为有损于巴巴多斯的和平、良好秩序或安全。

第八条 警察和授权人员的权力

1. 若外国船舶从事了第七条第 1 款（1）项至（8）项的行为或（9）项规定的任何行为，或警察或经部长书面授权的人员有合理理由认为外国船舶从事了任何此种行为，该执法官员得：

（1）停止和登临违法船舶以进行询问和调查；

（2）无须许可令即可扣留违法船舶，将其带至巴巴多斯的港口；

（3）无须逮捕证即可逮捕船长及被合理怀疑参与有损于巴巴多斯和平、良好秩序与安全的船舶行为的任何船上人员。

2. 若外国船舶的通过被认为有损于巴巴多斯和平、良好秩序与安全，其船长、船舶负责人以及参与被认为有害的船舶行为的任何人员，应根据本法以违法论处。

第九条　豁免权

1. 若外国船舶的通过被认为有损于巴巴多斯和平、良好秩序与安全，而该船舶或参与被认为有害的船舶行为的任何船上人员享有法律公认的国家豁免权或其他豁免权，该船舶的船旗国或该人的国籍国应被认为对该船的活动负有国际责任。

2. 若船舶的船旗国和人员的国籍国被认为应根据本条承担国际责任，部长应采取一切可能措施依据国际法取得赔偿。

第十条　管辖权

1. 为巴巴多斯法院行使管辖权的目的，巴巴多斯的领土应包括内水和领水。

2. 凡在内水或领水、或与内水和领水有关的犯罪，或被怀疑有按简易程序判决的犯罪，均由派往任何治安地区的治安法官处理和裁决，该治安法官应享有并行使《地方法官管辖权和程序法典》授予一切权力、特权、权利和管辖权。

3.《地方法官管辖权和程序法典》授予治安法官的准刑事和民事管辖权，涉及内水和领水时，应由派往任何治安地区的治安法官行使。

4. 依本法授予任何法院的管辖权，不妨碍其他法律授予该法院或由该法院行使的任何管辖权。

第十一条　规章

1. 部长得对下列事项制定规章：

（1）航行安全和海上交通管理；

（2）海上生物资源的养护；

（3）巴巴多斯海洋环境的保护和对海洋环境污染的预防和控制；

（4）捕鱼管理；

（5）有关外国公民和外国籍船舶捕鱼许可证的颁发及其附加条件；

（6）法院对第四条或该条任何部分所述海图或地图的调查和接受作证；

（7）规定对根据（5）项所制定的规章颁发的许可证所征收的费用；

（8）综合管理内水和领水的利用，其中包括规定对涉及领水和内水的任何活动所征收的费用；

（9）没收从事或用于第七条第 1 款（1）项到（8）项所指或（9）项所

规定的任何活动的船舶或设备，并交与政府；

（10）对违反根据本条制定的任何规章的行为，经简易程序判处 5 000 美元的罚款或两年监禁，或两者并处。

2. 依据本条制定的规章应经参议院和众议院决议通过，并依据法定程序公布。

第十二条 违法行为

1. 凡威胁或阻挠根据本法或规章授权行事人员者，应根据本法以违法论处。

2. 凡根据本条第 1 款或第八条第 2 款以违法论处者，应：

（1）经公诉程序判处 1 万美元的罚金或 5 年监禁，或两者并处；或者

（2）经简易程序判处 5 000 美元的罚金或两年监禁，或两者并处。

3. 除根据本条对第八条第 2 款规定的违法行为处以的任何刑罚外，法院亦可命令没收从事或用于属任何违法事项活动的船舶或设备并交与政府。

第十三条 对君主的拘束力

本法对君主有拘束力。

第十四条 法案适用

1. 在先于本法生效的巴巴多斯的任何法令或法律中，凡提及沿岸水域、群岛水域、领海水域，或任何类似表达，不论其措辞如何，均应理解为内水和领水。

2. 在先于本法生效的巴巴多斯的任何法令或法律中，凡提及与沿岸水域、领水、群岛水域有关的 3 英里或更长或更短的距离，或任何类似表达，不论其措辞如何，均应理解为 12 海里或第三条规定的其他距离。

第十五条 废除与修改

1. 废除迄今适用于巴巴多斯的英国议会 1878 年通过的《领水管辖权法》。

2. 对附件第一栏中所列法令的修改在第二栏中列出。

第十六条 生效

本法于总督在公告中指定的日期生效。

附　件

第一栏	第二栏
《解释法》Cap.I	在第四十六条中，按字母顺序增加以下定义： “内水”指根据 1977 年《巴巴多斯领水法》第五条定义的内水； “领水”指根据 1977 年《巴巴多斯领水法》第三条定义的领水。
《治安法官管辖权与程序法》Cap.116	废除第十九条。
《渔业管理法案》Cap.131	废除第二十三条。

1978 年海洋边界与管辖权法
（1978 年 2 月 25 日第 3 号法案）

本法规定海洋边界与管辖权。

生　效

（经公告）

由巴巴多斯议会颁布如下——

第一部分　序　言

第一条　解释

本法可称为《1978 年海洋边界管辖权法》。

第二条　解释

为本法案的目的——

“巴巴多斯的船舶”或“巴巴多斯的设施”指船舶或设施：

（1）为巴巴多斯的公民、成员均为巴巴多斯公民的组织或股东均为巴

巴多斯公民的公司完全拥有；或者

（2）经内阁书面证明，与巴巴多斯的实际经济联系或其所有权有关。据此，为本法目的，其应被认定为巴巴多斯的船舶或设施；

“专属经济区”或“区域”指依据第三条第（1）款建立的海域；

“鱼”包括海洋鱼类、甲壳类、海胆类、鲸类、鼠海豚、软体动物或其他海洋动物，还包括海洋植物；

“捕鱼”指：

（1）捕获、捞取或收获鱼类；

（2）可合理地期待会取得鱼类的捕获、捞取或收获结果的任何活动；或者

（3）有关或准备鱼类的捕获、捞取或收获或（b）项所述行为的任何海上活动；

“渔船”指用于或通常用于捕鱼、补给和辅助正在海上从事与捕鱼有关的任何活动的另一船舶的任何船舶（包括大船、小船或其他船只）；

“外国渔船”“外国船舶”或“外国设施”指属于外国的渔船、船舶或设施；

“海洋养护官员”指依据第十四条被指定为海洋养护官员的人员；

“船舶”包括船舶、小艇或其他海上船只；

“结构”包括任何人工岛屿、离岸码头或离岸设施。

第二部分　经　济　区

第三条　专属经济区

1. 专属经济区是邻接领海建立的海洋区域，以领海的向海界线为内部界限，以受本条第 3 款限制的、其各点与领海基线或负责对外事务的部长以命令制定的基线上最近点距离 200 海里的边界线为其外部界限。

2. 根据本条第 1 款颁布的命令应经议会通过，并依法定程序公布。

3. 即使本条第 1 款有规定，若依据本条第 4 款确定的巴巴多斯与他国的中间线距离领海基线不足 200 海里，专属经济区的外部界限依据巴巴多斯与他国的协定确立，但如无此类协定，中间线则为外部界限。

4. 中间线是其上各点与领海基线及经部长承认的任何相邻或相向国家

领海基线上最近各点距离相等的一条线。

5. 根据本条第 3 款缔结的协定应提交议会，并依法定程序公布。

第四条 在海图或地图上标明专属经济区的边界线

1. 负责对外事务的部长应敦促在大比例尺地图或海图上标明专属经济区的边界线，并依法定程序公布该地图或海图。

2. 负责对外事务的部长应制定地图或海图的安全存放规则，并应通过公告规定公众可以查阅地图或海图的场所以及可以取得核准副本的地点。

第五条 对专属经济区的权利与管辖权

巴巴多斯政府享有——

（1）有关专属经济区以下事项的全部权利和管辖权——

①勘探、开发、养护、保护或管理海床、底土和上覆水域中生物与非生物自然资源；

②建造、维护或使用与勘探或开发专属经济区资源、管理和航行安全或任何其他经济目的有关的结构或设施；

③授权、管理或控制科学研究；

④海洋环境的保全和保护，海洋污染的防止和控制；

⑤有关经济性勘探和开发专属经济区的任何其他活动；以及

（2）为国际法认可的对专属经济区的任何其他权利与管辖权。

第六条 专属经济区资源的开发

1. 在本法的限制下，除非根据巴巴多斯政府签署的协议或内阁授予的特许，任何人不得在专属经济区内——

（1）勘探或开发任何资源；

（2）进行任何搜索或发掘；

（3）进行任何研究；

（4）钻探或建造、维护或操作任何结构或设施；或者

（5）进行任何经济活动。

2. 本条不适用于巴巴多斯公民在（或从）巴巴多斯船舶上进行捕鱼。

3. 任何人违反本条即以违法论处，并应：

（1）经公诉程序处以 5 万美元的罚款或 5 年监禁，或两者并处；或者

（2）经简易程序处以 2 万美元的罚款或两年监禁，或两者并处；

并且法院亦得在此之外命令没收任何船舶、设施、设备、装置或与犯罪有关的物品。

第七条 航行、飞越和铺设海底电缆管道的自由

在第八条和第十一条的限制下，在专属经济区之中或之上，所有国家的船舶和飞机不得被限制或禁止享有航行和飞越的自由，铺设海底电缆和管道的自由，以及与航行和通信有关的为国际法所承认的海洋其他国际合法用途。

第八条 某些专属经济区法规的适用

1. 总督可以通过命令对任何法令作出例外规定和修改，并扩大适用于专属经济区或其任何部分。被扩大适用的法令对专属经济区有效，等同于其由本法实施。

2. 依据本条发布的命令应经议会通过，并依法定程序公布。

第九条 法院管辖权

1. 为实施本法和依据第八条适用于专属经济区的任何其他法令，法院的管辖权和权力及于专属经济区，如同专属经济区是巴巴多斯领土的组成部分。

2. 若根据本法或依据第八条适用于专属经济区的任何法规，某一罪行经简易程序或公诉程序审判是可处罚的，该罪行可由被指派到任何地区的治安法官追究或裁量，并且该治安法官享有《治安法官管辖权与程序法典》（Cap.116）授予的所有权力、特权、权利和管辖权。

3.《治安法官管辖权与程序法典》授予治安法官的准刑事与民事管辖权，涉及专属经济区时，得由被指派到任何地区的治安法官行使。

4. 根据本法授予法院的管辖权和权力，不妨碍任何其他法律授予该法院的或可由该法院行使的任何管辖权。

第十条 违法行为发生地

1. 在法院有关专属经济区的任何法律程序中，除有相反证据证明，宣称某一罪行发生在专属经济区内的证词应作为犯罪地在专属经济区内的初步证据。

2. 为授予巴巴多斯法院管辖权的任何法律的目的，某一事件应视为发生在巴巴多斯，如果：

（1）该事件发生在专属经济区内的任何船舶、结构和设施之内、之上、之下、其上，或与之有关，或发生在距该结构或设施 500 码（约 457 米）的水域范围之内；

（2）发生在巴巴多斯且该事件将构成犯罪，或引起准刑事程序或民事诉讼。

第三部分　专属经济区内的捕鱼

第十一条　在专属经济区或领海捕鱼的许可

1. 任何人不得在领海内捕鱼，除非：

（1）是巴巴多斯的公民；

（2）是依据本条第 4 款授予的许可证的持有人；

（3）有巴巴多斯政府签订的与之有关的协定。

2. 船长或外国船舶的其他负责人不得准许船舶用于在专属经济区或领海内捕鱼，除非该船舶有依据本条第（4）款授予的有效许可。

3. 外国船舶缺乏依据本条授予的有效许可，其船长或其他负责人不得准许或促使该船舶进入专属经济区，除非是为了行使第七条提及的或依据第六条签订的协定授予的航行自由；若船舶依据许可或协定进入专属经济区，船长或其他人不得促使或准许该船舶在实现其进入专属经济区的目的后或协定到期后仍在专属经济区内停留。

4. 内阁可以将在专属经济区、领海或任何指定区域内捕鱼的许可——

（1）授予非巴巴多斯公民的某人；

（2）授予外国渔船。

5. 凡违反本法或依据本法授予的许可的条件或限制即以违法论处，并经简易程序判处 2 万美元的罚款或两年监禁，或两者并处。法院亦得在此之外命令没收与犯罪有关的任何船舶、渔获、渔具、设施、设备或物品。

第十二条　许可的形式和内容

依据第十一条授予某一船舶的许可包括：

（1）所有人或承租人的名字；

（2）船舶的名称；

（3）对船舶的描述；

（4）对指定渔区的描述；

（5）允许捕鱼的期间或时间以及授权的航次；

（6）允许捕捞的鱼类的描述和数量；

（7）捕鱼方法；

（8）渔获或部分渔获上岸的有关条件；

（9）渔获上岸的港口或地点名称；

（10）任何渔获的获准用途；

（11）部长同意的任何其他事项或条件，包括应付费用和收费。

第十三条 许可的变更、吊销或暂停

如果内阁认为必要或适宜，可以变更、暂停或吊销依据第十一条授予的许可。

第四部分 海洋养护官员

第十四条

为本法的目的，可以指定下列人员为海洋养护官员——

（1）渔业部门的渔业官员；

（2）巴巴多斯国防部的成员；

（3）警察部队的成员；

（4）海关官员；

（5）海岸护卫队官员；

（6）内阁许可的任何人。

第十五条

1. 在履行职责时，海洋养护官员可以行使本法授予的有关以下事项的所有权力——

（1）在海上或港口的巴巴多斯船舶或设施；

（2）被合理怀疑用于违反本法或规章的捕鱼或任何其他活动的外国船舶或设施。

2. 在根据本条履行职责期间，海洋养护官员可以——

（1）合理地召集任何人协助；

（2）使用合理必要的武力；

（3）为便于履行职责，要求任何人为合理必要的任何事宜；

（4）命令任何船舶或设施停止；

（5）登临任何船舶或设施；

（6）搜查或检查任何船舶、设施，或船上的任何渔获、设备或物品；

（7）要求船舶或设施上的任何人提供与该船舶、设施或其自身有关的任何文件或物品。

3. 海洋养护官员若有合理理由怀疑任何人，包括船舶或设施上的人员从事了本法或其他规章规定的违法行为，无须授权或其他程序即可——

（1）扣押船舶或设施，以及任何渔获、渔具或其他被怀疑用于违法行为的设备；

（2）逮捕其怀疑的人员。

4. 若依据本条第 3 款扣押船舶、设施或物品或逮捕某人，在可能的情况下，海洋养护官员应尽快将船舶、设施、物品或该人带至巴巴多斯的港口，并在合理期间将被逮捕的人交地方法院，以便其对与引起扣押或逮捕的罪行有关的指控进行答辩。

5. 若在依据本条第 3 款扣押后的一个月内无法得知所有人或无任何权利主张，法院得命令没收依据该款被扣押的任何船舶、设施、渔具或其他设备、装置或物品。

第十六条　易腐坏鱼类的出售

1. 为避免依据第十五条扣押的任何渔获损坏或变质，海洋养护官员可以按照渔业部门的渔业官员指定的方式出售该渔获。

2. 依据本条第 1 款出售渔获所得的收入应归入国库。

3. 依据本条第 1 款出售渔获的海洋养护官员应向被扣押渔获的所有人提供收据，载明——

（1）出售日期；

（2）渔获数量；

（3）实际的出售数量；

并且该收据应由该官员签字。

4. 若法院驳回依据第十五条对某人提出的指控，只要此人所有的渔获被出售，法院不论如何都应命令向此人交付不超过实际销售收入的赔偿。

5. 根据本条第 4 款应支付的赔偿应由国库负担并支出。

第十七条 责任免除

政府对海洋养护官员或渔业官员善意履行本法规定的职责而实施的行为不负任何责任。

第五部分 一般规定

第十八条 普通违法行为

任何人——

（1）在海洋养护官员执行职务时，袭击、抗拒、妨碍或恐吓该官员或任何协助人员；

（2）在海洋养护官员执行职务时，对其使用下流、诽谤或侮辱性的语言；

（3）妨碍或阻挠海洋养护官员执行职务；

（4）以任何酬金、贿赂、许诺或其他诱惑方式，阻止海洋养护官员执行职务；

（5）未经海洋养护官员授权，挪动、改变或干涉依据第五条扣押的任何物品；

（6）违反本法中未规定任何刑罚的条款或其他规章，以违法论处，并应经简易程序判处 5 000 美元的罚款或两年监禁，或两者并处。此外，法院亦可命令没收与犯罪有关的任何船舶、构造、设备、设施或物品。

第十九条 扣押财产的返还

在第十六条的限制下，法院可以命令将依据第十五条第 3 款扣押的财产返还给财产被扣押人，或声称是财产被扣押人的人，若——

（1）法院驳回依据本法或规章对该人提出的指控，并认为财产的返还符合公平利益；或者

（2）在依据该款扣押后的合理期间内，没有针对该人的指控。

第二十条 规章

1. 内阁一般可以为实施本法条款制定规章，特别是关于以下事项：

（1）与勘探、开发和保护专属经济区资源有关的任何活动；

（2）与经济性勘探和开发专属经济区有关的活动；

（3）专属经济区内结构和设施的安全与保护；

（4）授权、控制和管理专属经济区内的科学研究；

（5）与专属经济区有关的海关和其他财政事项；

（6）海洋养护官员的服务职责、权力、职能和条件；

（7）依据本法应支付的费用。

2. 依据本条制定的规章应经议会通过，并依法定程序公布。

第二十一条　指示

负责对外事务的部长可以指示处置或释放法院依据本法或规章命令没收的任何船舶、构造、设备、设施或物品。

伯利兹
Belize

（英文文本截止于 2009 年 1 月 16 日）

1992 年海洋区域法（本法规定伯利兹的领海、内水和专属经济区以及与此有关或附带的事项）

（1992 年 1 月 24 日）

条款安排

根据伯利兹参议院和众议院的建议，并经其同意和授权，本法颁布如下：

第一部分 序　　言

第一条　简称与生效

1. 本法可称为《1992 年海洋区域法》。

2. 本法应于政府公报上公布的部长命令所指定的日期生效。

第二条　解释

在本法中：

“基线”指第四条所述的测量领海宽度的基线；

“等距离线”指在伯利兹与某个邻国间，其上每点与领海基线与该邻国的对应基线上最近各点距离相等的一条线；

“专属经济区”指第六条所述的伯利兹专属经济区，并在第七条适用的范围内，依据第七条划定界限；

“外国船舶”指未依据 1989 年伯利兹的《商事船舶登记法》（1989 年第 32 号法案）登记为伯利兹船舶的船只；

“外国”指伯利兹之外的国家；

“岸礁”指直接连接或紧邻海岸或任何沿岸环礁湖的礁石；

“内水”指第五条所述的伯利兹内水；

“岛屿”指四面环水且在平均大潮高潮时高于水面的自然形成的陆地；

“低潮高地”指在低潮时四面环水并高出水面，但在平均大潮高潮时没入水中的自然形成的陆地；

“伯利兹的海域”指内水、领海与专属经济区；

“船长”，对船舶而言，指当时控制或负责船舶的人；

“部长”指负责对外事务的部长；

“海里”指相当于 1 852 米的国际海里；

“资源”指生物和非生物资源；

“领海”指第三条所述的伯利兹领海；

“规章”指依据本法制定的规章。

第二部分　伯利兹的海域

第三条　领海

1. 在本条第 2 款和第 3 款的限制下，伯利兹的领海由以基线为其内部界限，以基线向海一侧，其各点与该基线上最近各点的距离为 12 海里的线为其外部界限的海域构成。

2. 在以下第 3 款的限制下，从萨尔斯通河（Sarstoon River）的河口到雷关那岛（Ranguana Caye）的伯利兹领海由以本法附件所列地形测量的领海基线为内部界限，以基线向海一侧，其各点与该基线上最近点距离 3 海里的线为外部界限的海域构成。

3.（1）为免质疑特此宣布，上述第 2 款所称的从萨尔斯通河的河口到雷关那岛的伯利兹领海划界的目的仅为提供的框架，以便与危地马拉共和国就领土争端谈判达成一项协定。

（2）在上述（1）项中涉及的任何此类协定应交付全民公投通过或否决。若经多数表决通过，该协定将作为从萨尔斯通河的河口到雷关那岛的海域中领海最终划界的基础。

（3）如果任何此类协定未获全民公投的多数表决通过，在所述区域中的领海划界将以国际法为基础确定。

4. 除非在上述第 2 款和第 3 款中另有规定，若伯利兹和某个邻国间的等距离线距领海基线上最近各点不足 12 海里，在可能的情况下，领海的划界应依据伯利兹和该邻国的协定确定；但若没有此类协定，等距离线应作为领海的外部界限。

第四条　领海基线

1. 除非本条第 2 款、第 3 款和第 4 款中另有规定，测量邻接伯利兹的领海宽度的基线应是沿伯利兹大陆沿岸以及构成伯利兹组成部分的所有岛屿和珊瑚礁沿岸的低潮线。

2. 为本条的目的，如果为测量领海宽度的目的而不考虑所有的低潮高地，全部或部分位于领海的宽度内的低潮高地应视为岛屿。

3.（1）测量安伯格里斯岛（Ambergris Caye）与萨尔斯通河之间领海宽度的基线应由一系列依次连接位于附件所列低潮线上各点或与附件所列地

形相邻的各点的等方位线构成。

（2）本条第 3 款（1）项的规定不妨碍与任何岛屿或低潮高地有关的本条第 1 款和第 2 款的实施。这些低潮高地位于本条第 3 款（1）项确定的基线向海一侧，并为本条第 1 款和第 2 款的目的视为岛屿。

4.（1）对于海域邻接有岸礁的海岸，测量领海宽度的基线应是岸礁低潮线的向海一侧界限。

（2）若在第 4 款（1）项提及的岸礁之间有隔断或通道，测量领海宽度的基线应是连接该隔断或通道向海的入口各点的直线。

5. 为领海划界的目的，构成任何海港体系组成部分的最外部的永久海港工程应视为海岸的一部分，但近岸设施和人工岛屿不应视为永久海港工程。

第五条　内水

伯利兹内水由领海基线向陆一侧的任何水域构成。

第六条　专属经济区

在第七条的限制下，伯利兹专属经济区由领海之外并邻接领海，以从领海基线向海一侧量起，其上各点与基线最近各点的距离为 200 海里的线为外部界限的海域构成。

第七条　专属经济区划界

1. 若伯利兹和某个邻国间的等距离线距离领海基线的最近各点不足 200 海里，专属经济区的划界应由伯利兹与该相邻国家根据国际法确定，以便得到公平解决。

2. 对于依据本条第 1 款待解决的专属经济区划界，伯利兹与该邻国间的等距离线应构成该专属经济区的外部界限。

3 在本条第 4 款的限制下，为执行本条第 1 款之下的任何协定的目的，国民大会得随时以三分之二的多数赞成票决定宣布，专属经济区不包括在相反情况下根据第六条属于专属经济区的任何特定海域、海床或底土。在该决定有效时，其效力不受本法任何其他条款的影响。

4. 根据本条第 1 款与危地马拉共和国缔结的、规定以下内容的任何协定，应获全民公决同意通过：

（1）伯利兹的权利主张少于其依据国际法拥有的权利主张；或者

（2）伯利兹专属经济区不包括在相反情况下，根据第六条处于专属经

济区内的任何特定海域、海床或底土；或者

（3）在伯利兹专属经济区内联合开发或共同参与开发。

第三部分　与伯利兹海域有关的权利

第八条　有关领海的主权

有关以下方面的主权，属于伯利兹，并依照国际法由伯利兹行使。

（1）领海；

（2）领海的上空及其海床；以及

（3）海床的底土。

第九条　有关专属经济区的权利

伯利兹对专属经济区享有并得行使

（1）主权权利：

①为了捕鱼，与捕鱼有关的航行，勘探、开发、养护和管理海床上覆水域及海床和底土中的资源；

②为利用海水、海流和风力生产能。

（2）有关以下事项的管辖权：

①人工岛屿、设施和结构的建造和使用；

②海洋科学研究；

③海洋环境的保护和保全。

（3）建造以及授权和管理建造、操作和使用：

①人工岛屿；

②为本条（1）项规定的目的或任何其他经济目的的设施和结构；

③可能干扰伯利兹行使有关专属经济区的权利的设施和结构。

第十条　禁止性行为

1. 任何人不得：

（1）在专属经济区的范围内：

①勘探或开发资源；

②利用海水、海流和风力生产能；

③进行任何海洋科学研究；或者

④建造、操作或使用为了第九条（3）项②目提及的任何权利的行使或目的的任何人工岛屿、设施或结构，或可能妨碍行使第九条（3）款③项提及的权利的任何人工岛屿、设施或结构；或者

（2）在领海的范围内，从事本条第 1 款（1）项提及的任何活动，除非有，或根据或按照本法或任何其他法律的授权，或以任何其他合法的方式从事该项活动，并遵守该项授权。

2. 凡违反本条第 1 款即以违法论处，并经简易程序判处 1 万美元的罚款，经公诉程序判处 5 万美元的罚款。

第四部分　无害通过

第十一条　解释

1. 在本部分，除非上下文另有规定：

"主管机关"，对本部分任何规定而言，指部长以及为本条第 2 款的目的而依据该规定所指定的任何人或属于任何阶层或部门的人；

"指定的内水区域"指当时依据本条第 3 款被指定的内水的任何区域；

"规定的行为"指：

（1）对伯利兹的主权、领土完整或政治独立进行任何武力威胁或使用武力，或以任何其他违反《联合国宪章》所体现的国际法原则的方式进行武力威胁或使用武力；

（2）以任何种类的武器进行任何操练或演习；

（3）任何目的在于收集危害伯利兹防务或安全的信息的任何行为；

（4）任何目的在于影响伯利兹防务或安全的任何宣传行为；

（5）发射、降落或接载任何飞机或军事设施；

（6）违反有关海关、财政、移民或卫生的法律，上下任何人员、货物或货币；

（7）任何故意造成或可能造成对伯利兹及其资源或其海洋环境的损坏或危害的不法行为；

（8）任何捕鱼行为；

（9）实施研究或调查行为；

（10）任何目的在于干扰伯利兹任何通信系统或任何其他设备或设施的任何行为；

（11）规定的其他此类行为。

2. 为本部分的任何规定的目的，部长得以规章指派任何人或者任何阶层或部门的人；并且部长得以相同的方式撤销该项指派。

3. 若部长认为在本法生效之前，第四条第 3 款（1）项规定的基线所包围的内水的某些区域不构成内水，其得以规章指定该区域；如果部长不再如此认为，其得以相同方式撤销对该区域的指定。

4. 部长依据上述第 3 款制定的每项规章，应在制定之后尽快提交国民大会，若被否决则不得适用。

第十二条　无害通过

1. 根据并遵照本条及国际法，外国船舶行使的国际法中的无害通过权是为以下目的通过领海的航行权利：

（1）通过领海但不进入内水,或在内水之外的停泊处或港口设施处停泊；

（2）若通过是无害的，驶入或驶出内水或者在任何此类停泊处或港口设施处停泊；或者

（3）若通过是无害的，通过内水驶入或驶出以前未被视为领海的海域。

2. 外国船舶的通过：

（1）是无害的，只要其不妨碍伯利兹的和平、良好秩序或安全；并且

（2）如果该船舶在领海内从事任何被禁止的活动，则会被认为是有损于伯利兹的和平、良好秩序或安全。

3. 在行使无害通过权时，船舶应遵守：

（1）对领海或其任何部分有效的,为海上安全而被一般接受的国际规章、程序和实践；

（2）对领海或其任何部分有效的，有关以下事项的规章的条款，任何法令、命令或指令：

①航行安全以及海上交通管制，包括海道的使用和分道通航制度的操作；

②导航设备和设施以及其他设备或设施的保护；

③电缆和管道的保护；

④资源的养护；

⑤捕鱼和渔业；

⑥海洋环境的保全以及污染的预防、减少和控制；

⑦海洋科学研究和水文调查；

⑧有关海关、财政、移民或卫生的控制或禁止。

4. 若部长认为为保护伯利兹的安全（包括武装演习）而有必要，他可以通过规章，在规定期间暂停领海或规章中指定的领海的任何部分的无害通过权。

第十三条 从事禁止性行为

1. 在通过领海时，任何外国船舶未经有关当局许可，船长不得从事任何规定的行为。

2. 若外国船舶违反本条第 1 款从事任何规定的行为，船长及船舶上参与该行为的任何人即以违法论处，并经简易程序判处 1 万美元的罚款，经公诉程序判处 5 万美元的罚款。

3. 对享有国家豁免或法律承认的其他豁免的人不得就其违反本条的行为提起诉讼。

第五部分 海图与地理坐标

第十四条 海域的海图

部长应敦促绘制其认为适当的海图和（或）地理坐标表，以标明以下全部或任何事项：

（1）伯利兹海域或其任何部分；

（2）领海基线；

（3）专属经济区的外部界限；或者

（4）海道或分道通航制。

第十五条 海图的证据

若一项文件声称是经部长或由部长专门指派的人证明的，依据第十四条绘制的海图或地理坐标表的真实副本，该文件应在任何法律程序中被接受为其所载事项的证据，但不妨碍援引证据进行反驳的权利。

第十六条 海图的公布

部长应敦促：

（1）将依据第十四条绘制的海图或地理坐标表妥为公布；并

（2）将任何海图或地理坐标表的副本交存联合国秘书长处。

第六部分　法院管辖权和其他法律事务

第十七条　管辖权

1. 即使任何其他法律、规则或规章有相反规定，为以下的目的，伯利兹法院的管辖权和权力及于伯利兹的海域：

（1）本法或依据本法制定的任何规章；以及

（2）依据第二十三条适用于伯利兹的海域或其任何部分的任何法令。

2. 为行使依据本条第 1 款的任何管辖权和权力的目的，法院具有合法的管辖权：

（1）为任何刑事法律程序的目的，如果相关罪行发生在法院普通刑事管辖权范围内，法院将对有关罪行进行认定；并且

（2）为任何刑事程序之外的法律程序的目的，如果有关作为、不作为或其他引起法律程序的事项发生或出现在法院普通管辖权范围内，法院将有合法的管辖权。

3. 在咨询司法部部长之后，部长得为本法的实施或执行制定规则。

4. 本条授予的管辖权和权力补充且不妨碍任何伯利兹法院可行使的管辖权或权力。

第十八条　逮捕违法者

1. 在本条的限制下，若授权的人有合理理由认为发生了违反第十条的违法行为，他可行使以下所有或任何权力，即：

（1）在伯利兹海域内，停止、登临、检查和搜查任何船舶，或进入、检查和搜查他有合理理由认为被用于或有关违法行为的任何设施；

（2）不论是否有逮捕证，逮捕在本条第 1 款（1）项提及的船舶或设施上或在伯利兹任何地方发现的，且他有合理理由认为实施了违反该条的行为的任何人；

（3）只要他有合理理由认为船舶的所有人或船长实施了违反该条的行为，扣押本条第 1 款（1）项提及的船舶；并且

（4）进入、检查和搜查其建造、管理、操作或使用构成违反该条行为的任何设施，并且不论是否有逮捕证，逮捕设施上或在伯利兹任何地方发现的，且他有合理理由认为实施了违法行为的任何人。

2. 在本条的限制下，若授权的人员有合理理由认为发生了违反第十三条的行为，其可在领海内行使以下所有或任何权力，即：

（1）停止、登临、检查和搜查在违反该条的行为过程中从事了任何规定的活动的外国船舶；

（2）不论是否有逮捕证，逮捕船长；

（3）不论是否有逮捕证，逮捕其有合理理由认为实施了违反该条的行为的任何船上人员；

（4）扣押船舶。

3. 授权的人员得行使本条第 1 款和第 2 款授予的任何权力，并为此目的获得其认为必要的助手的协助。

4. 若依据本条第 1 款或第 2 款扣留船舶，该船舶应交由政府保管，直到：

（1）作出不起诉与被扣留船舶有关的违法行为的决定；或

（2）若决定起诉该违法行为，已对船舶实施本条第 6 款要求的担保。

5. 是否起诉与被扣留船舶有关的违法行为的决定应在合理期限内作出。

6. 为本条第 4 款的目的所要求的、与任何船舶有关的担保应具备某种形式和合理数量，并应由部长命令实施。

7. 本条第 1 款或第 2 款授予的权力不得对享有国家豁免或法律承认的其他豁免的人或船舶行使。

8. 本条规定的权力和权利补充且不减损伯利兹依据国际法或其他规定得享有的任何其他权力和权利。

9. 在依据本条行使对外国船舶的执行权时，授权的人员不得危及航行安全或对船舶造成其他任何危害，或者将船舶带至不安全的港口或停泊处，或使海洋环境处于不合理的危险中。

10. 在本条中：

“授权的人”指为本条的目的，部长通过依据本条制定并在政府公报上公布的规章指派的人员或属于某一阶层或部门的人员。

“所有人”，对任何船舶而言，包括拥有船舶的任何组织，不论其是否是公司，以及任何船舶的承租人或次承租人。

第十九条 在领海中的外国船舶上进行逮捕

1. 在本条的限制下，若在通过领海期间在外国船舶（属于商船或为商业目的使用的政府船舶）上发生了犯罪，可对通过期间在船舶上发生的犯罪行为行使规定的权力，只要：

（1）罪行的后果及于伯利兹；

（2）罪行属于扰乱伯利兹的和平和领海的良好秩序；

（3）经外国船舶船长或相关外国的外交代表或领事官员请求政府或任何公职人员的协助；

（4）为取缔违法贩运麻醉药品、精神调理物质或武器所必要。

2. 无论如何，本条第 1 款中的限制不适用于驶离内水后通过领海的外国船舶。

3. 在本条的限制下，若驶离伯利兹之外港口的外国船舶正在通过领海而不进入内水，则可以在该通过期间对任何船舶进入领海之前发生的在船舶上的犯罪行使规定的权力，只要：

（1）有理由认为船舶在专属经济区内违反了：

①为预防、减少和控制来自船舶的污染而应适用的国际规则和标准；或者

②符合这种国际规则和标准并使其有效的规章和命令的任何规定；

（2）有：

①明显根据认为违反行为导致了大量排放，对海洋环境污染造成重大污染或有造成重大污染的威胁；

②明显根据认为违反行为导致了排放，对伯利兹海岸或堤礁，或对伯利兹领海或专属经济区的资源造成较大损害或有较大损害的威胁。

4. 本条的任何规定不妨碍依据第十八条行使的任何权力。

5. 在本条第 1 款或第 3 款提及的情形下，决定行使或行使规定的权利应适当顾及航行利益。

6. 本条第 8 款（1）项规定的权力不得对船舶行使，除非为了确定是否发生了属于第 3 款（1）项提及的违反行为，依法要求船舶提供有关其身份和登记地的信息、其停泊的上一港口和下一港口以及其他相关信息，而该

船舶拒绝提供。

7. 只要对伯利兹有效的适当法律程序已由有关国际组织或以其他同意的方式设立，而船舶已确定遵守了对登陆或其他适当财政安全的要求，本条第 8 款（1）项规定的权力不得对船舶行使。

8. 为本条的目的，“规定的权力”指逮捕任何人或对任何被指控的犯罪进行调查的合法权力，以及：

（1）为本条第 3 款（1）项①目的目的，包括对与本条第 3 款（1）项提及的违反行为有关的船舶进行实地检查；并且

（2）为本条第 3 款（2）项①目的目的，包括扣押船舶的权力。

第二十条 部长的证明

若在任何刑事程序中，对某一作为或不作为是否发生在内水、领海或专属经济区存有疑问，一份声称由部长签署并陈述了该作为或不作为发生或未发生的证明书应作为该事实的证据被接受，但不妨碍援引证据反驳的权利。

第二十一条 民事管辖权

1. 与发生在内水、领海或专属经济区涉及以下事项的作为或不作为，或由该作为或不作为引起的任何民事争议或纠纷，得由具有合法管辖权的法院处理，包括：

（1）资源的勘探或开发；

（2）任何研究活动的实施；

（3）任何人工岛屿、设施或结构的建造、构筑、操作或使用；

（4）电缆和管道的铺设；或者

（5）利用海水、海流或风力生产能。

2. 本条第 1 款不影响任何人签订的将争端提交伯利兹之外任何仲裁人的协议的有效性。

3. 本条授予的管辖权补充且不妨碍应由伯利兹法院行使的任何其他管辖权。

第二十二条 与领海内外国船舶有关的民事管辖权

1. 不得仅为对通过领海的外国船舶上某人行使民事管辖权的目的而停止其航行或令其改变航向。

2. 在本条第 3 款的限制下，任何人不得为任何民事程序的目的而对通过领海的外国船舶执行逮捕或征收，除非该程序与该船舶本身在通过领海的过程中或为此种航行的目的而承担的义务或发生的债务有关。

3. 在本条第 2. 款的限制下，禁止对船舶加以逮捕或从事执行的规定不适用于在领海内停留或离开内水后通过领海的船舶。

第二十三条 海域的法律适用

1. 部长可以通过依据第二十四条制定的规章，将任何法令适用于伯利兹的海域或其任何部分，该法令的适用受制于：

（1）限制条件（如果有）；以及

（2）为便于该法令适用或执行所作的修改。

只要规章中有规定，该法令就应适用。

2. 本条第 1 款规定的权力，包括为行使第九条规定的任何权利或管辖权而将法令适用于任何人工岛屿、设施或结构的权利。

第七部分 其他规定

第二十四条 规章

1. 部长得为本法的执行或生效制定规章。

2. 在不妨害前述规定的一般意义的情况下，为实现以下全部或任何目的，可以制定与领海有关的规章，即：

（1）管理领海中进行的科学研究和水文调查的；

（2）采取措施保护和保全领海的海洋环境；

（3）为第九条的目的，管理领海中的人工岛屿（不论是永久性还是临时性的）以及其他设施和结构的建造、操作和使用，包括在这些岛屿、设施和结构周围设立安全区；

（4）管理为利用海水、海流和风力生产能或任何其他经济目的，对领海的勘探和开发；

（5）为全面实现伯利兹领海主权之必要或便利，规定其他相关事项；以及

（6）为全面实现第二、第三、第四部分规定之考量或便利，规定其他

相关事项。

3. 在不妨碍本条第 1 款规定的一般意义的情况下，为实现以下所有或任何目的，可以制定与专属经济区有关的规章，即：

（1）管理在专属经济区中进行的科学研究和水文调查；

（2）为保护和保全专属经济区的海洋环境而采取措施；

（3）为第九条的目的，管理领海中人工岛屿（不论是永久性还是临时性的）以及其他设施和结构的构筑、操作和使用，包括在这些岛屿、设施和结构周围设立不超过 500 米距离的安全区；

（4）管理为经济目的对专属经济区进行的勘探和开发；

（5）管理为利用海水、海流和风力生产能或任何其他经济目的而对领海进行的勘探和开发；

（6）为全面实现伯利兹有关专属经济区的主权权利和管辖权之必要或便利，规定其他相关事项；以及

（7）规定为第二、第三、第四部分全面生效所涵盖或提供便利的其他相关事项。

4. 就伯利兹海域之外的船舶违反相关国际组织或一般外交会议制定的、可适用的国际规则和标准所进行的任何排放有关的调查和程序制度，可制定规章。

5. 规章得规定，凡违反任何规章即以犯罪论处，并对任何此类犯罪处以不超过 2 万美元的刑罚。

6. 行使本条制定规章的权力可以：

（1）对该权力所涉及的任何情况，或受特别限制的那些情况，或任何特定情况或某种类型或类别的情况作出规定；并且

（2）对权力行使涉及的所有情况，作出：

①适用于所有情况的统一规定，或适用于不同情况或不同类型或类别的情况的不同规定，或为本法不同目的适用于相同情况或相同类型或类别的情况的不同规定；或者

②无条件限制或受任何特定条件限制的任何此类规定。

7. 任何依据本条制定的规章应在制定之后尽快提交国民大会，若被否决则不得适用。

第二十五条 本法的适用不考虑其他法律的规定

即使任何其他法律、规则或规章有相反规定，本法规定仍然有效。

附 件

（第三条和第四条）

安伯格里斯岛（Ambergris Caye）的东南部与萨尔斯通河（Sarstoon River）之间的地形

安伯格里斯岛 - 东南

毛格尔岛（Mauger Caye）

桑德博尔岛（Sandbore Caye）

半月岛（Half-Moon Caye）

东北岛（North-East Caye）

西尔克群岛（Silk Cayes）

布莱克礁（Black Rock）

尼古拉斯岛（Nicholas Caye）

亨廷岛（Hunting Caye）

拉吉德岛（Ragged Caye）

东斯内克岛（East Snake Caye）

南斯内克岛（South Snake Caye）

莫霍岛（Moho Caye）

斯图尔特岛（Stuart Caye）

格兰德河（Rio Grande）– 南入口

奥兰治角（Orange Point）

马瑟角（Mother Point）

萨尔斯通河

伯利兹外交部部长的声明
（于 1992 年 4 月 3 日发表）

1992 年 1 月 17 日，众议院通过了《海洋区域法》，该法在参议院通过后，经总督签署，于 1992 年 1 月 24 日生效。

该法规定了伯利兹的领海、内水和专属经济区。在该法中，伯利兹首次行使了其依据国际法的合法权利，主张 12 海里的领海。对于伯利兹的绝大部分海岸均如此，但在雷关那岛（Ranguana Caye）与萨尔斯通河（Sarstoon River）入口之间的南部地区，历史性的 3 海里领海仍然保留。

即使如此，该法清楚地规定，伯利兹不放弃对位于南部、现在称为领海的外部界限与伯利兹与邻国的中间线之间的海域为其领海的权利主张。但是，伯利兹目前宣布该区域为其专属经济区，排除任何其他国家的管辖。伯利兹与危地马拉和伯利兹与洪都拉斯的海洋边界仍然是前述的中间线。

《海洋区域法》明确规定，在前述区域维持 3 海里的领海是要“为与危地马拉共和国就领海争端谈判一项确定的协议提供框架”。在 1991 年 9 月 5 日危地马拉承认伯利兹为独立国家的背景下，危地马拉承认伯利兹宪法中确定的伯利兹的边界，这是一项无条件且不可撤销的行为。依据国际法和《联合国宪章》，危地马拉也必然默示同意尊重伯利兹的主权和领土完整。

尽管如此，伯利兹宪法并未定义伯利兹领海的界限，而留待立法规定。但这目前尚未实现，因为如果伯利兹要主张其在南部地区有权拥有所有领海，这将使危地马拉要通过伯利兹领海才能进入公海，然而危地马拉一直习惯于不通过伯利兹传统的 3 海里领海而进入公海。伯利兹长期以来主张，愿意通过谈判达成协定，为使危地马拉毫无阻碍地进入公海，有必要准许其通过该领海，在协议达成前暂不定义领海的界限。

在危地马拉果断承认伯利兹之后，伯利兹出于寻求谈判以顺利解决争端的善意愿望，伯利兹国民大会通过了《海洋区域法》。然而，很明显，在指定区域的 3 海里界限是一项临时措施，其仅仅限制对该区域的谈判，并且该法明确规定，谈判通过的任何协定应首先提交伯利兹全民公决。

如果多数选民同意该协定，其将作为在指定区域最终划定领海的基础。如果全民公决否决该协定，“在所述区域的领海划界应以国际法为基础解决”。在这两种情况下，该法都将做相应的修改。

一段时间以来，伯利兹与危地马拉的关系因尊重和理解而稳固，特别是 1991 年 9 月 11 日两国建立了外交关系。这一事实是令人鼓舞的。在 2 月初发生的事件体现出了这种新关系。在得克萨斯（Texas）出版的石油杂志上出现一则广告，之后为勘探某地的诱人招标和所附地图显示了伯利兹依据前述法律主张为专属经济区的一块区域。为此，我寻求了危地马拉政府的解释。危地马拉外交部部长冈萨洛 · 梅内德斯 · 帕克（Gonzalo Menendez Park）先生于 1992 年 2 月 13 日给我写了一封信，表明对该区域的描述并未征求外交部意见，这是一个非自愿的错误，并且该区域不应作为任何招标的标的。他进一步向我保证，为避免再发生误会，在 7 月将公布的下一个招标公告中仅包括已正式划界的区域。

这一回应使伯利兹政府确定的是，危地马拉政府理解并接受《海洋区域法》的效力，即伯利兹通过该法不放弃其主张受影响的区域作为其领海的权利，但仅为谈判保留该区域，并且与此同时，该区域的地位是伯利兹的专属经济区。

对各相邻国家以及世界上所有国家而言，受影响的区域已由伯利兹宣布为其专属经济区的一部分。

有这一明确的理解就可能推动谈判，这将有希望促使在一段合理的时期内达成共同接受的协定。该协定将使危地马拉正式放弃其与伯利兹有关的权利主张，并允许我们两国拥有两国人民长久期望的良好与相互尊重的关系。

巴　西
Brazil

（英文文本截止于 2009 年 1 月 28 日）

在水下陆架或领海、内水和其他水域中进行勘探和研究的规则
（1968 年第 63.164 号法令）

第一章　授权与监督在水下陆架或领海、内水和其他水域进行的勘探和研究

第一条

在巴西水下陆架或领海、内水和其他水域中进行的勘探和研究，在不受宪法或特别立法限制的情况下，应遵守以下规则：

（1）当这些活动由任何公共权力机构、自治单位或准公共机构，或与这些政府机构或公共机构签订合同的巴西籍个人或组织实施时，为确保遵守航行安全和海洋政策的必要条件，必须获得海洋部的事前许可。

（2）当这些活动由私人机构或巴西人或组织实施，并且依据特别立法需获得另一部门或机构的授权时，该特许应在海洋部授予事前许可之后给予。如没有特别立法，获得海洋部的事前许可即可。

（3）当这些活动由外国人（个人或公司，政府或私人组织）实施时，依其申请或按照合同，其应获得共和国总统的授权，该程序应依据本法第六条的规定启动并执行。

第二条

在前述条款提及的任何情况下，在水下陆架或领海、内水和其他水域中进行的勘探和研究应在海洋政策和航行安全方面受海洋部的管制。

本条提及的勘探和研究活动的结果应向海洋部报告，以便海洋部确认任何活动的必要。

第三条

为本法令的目的，依据《巴西宪法》第三部分第四条并遵照巴西缔结的条约和公约，水下陆架应视为国家领土的组成部分，属于联邦的财产。

为本法令的目的，"水下陆架""大陆架"或"水下大陆架"应当具有同一含义。

第四条

"研究"应包括在水下大陆架或领海或内水进行的、为科学目的的拍摄和录制、水文绘图、海洋调查和勘探。

第二章　许可的申请

第五条

为在巴西水下陆架上或其上覆水域内实施或在领海或内水进行的勘探或研究，任何公共权力机构、自治单位或准公共机构，或者与这些政府机构或公共机构签订合同的巴西籍个人或组织提出的获得许可或海洋部事前同意的申请，应于其预定开始项目工作之日前至少 60 日内向海洋部提交。

第六条

为获得在巴西水下陆架上或领海和内水水域内进行勘探或研究的许可，外国申请人应遵守以下程序：

（1）负责在巴西水下陆架上或领海和内水水域内进行预定勘探或研究的外国个人或公司，应依照以下第八条的规定，至少于有关人员离开其本国前 180 日内向有关的巴西驻该外国外交使团提交适当申请；

（2）外交部应当将该申请及任何其认为适当的信息转交海洋部。完成该程序之后，海洋部应将文件提交共和国总统或任何其他部门；

（3）如果外国人与公共权力机构、自治单位、私人机构或巴西籍的个人或公司签订合同，申请应由合同签订者于预定开始项目工作之日前至少60日内向海洋部提交；

（4）海洋部应从收到申请之日起在30个工作日内，对预定勘探或研究是否可以实施第二条提及的活动提出意见，并应将该意见提交共和国总统或适当部门。每一相关部门应在30日内发表其对申请的意见。

在巴西居住的、有意从事本法令提及的研究的外国人应至少于预定开始项目工作之日前60日内将申请提交海洋部。

第七条

如果勘探或研究考察既有巴西人也有外国人，巴西参与者和外国人应分别遵守第五条和第六条的规定。

第八条

对第五条和第六条提及的特许或事前许可的申请应具体写明：

…………

第三章　监　　督

第十条

本法令提及的对勘探或开发的监督应在海洋部指定的观察员，或其他相关部长陪同下进行，监督应在经授权的考察活动的全过程或一段时间内进行。驻巴西港口或在水下陆架上、内水或领海中航行的任何海洋权力机构得在任何必要时间采取措施实施监督：

（1）经海洋部要求。国家研究委员会应指派巴西科学家或技术人员陪同该考察，其旅行费用由海洋部支付。

（2）对外国人勘探和研究的监督应自该勘探活动在巴西水下陆架或内水开始时进行。为了监督自始至终有效进行，监察员最好在考察工作开始前停靠的最后的外国港口或机场登船或登机，并陪同至考察完成后到达的第一个港口或机场。

3. 观察员和监察员应就使用的技术与实施的活动和研究向海洋部提交详细报告。

第十一条

为确保执行本法令规定的目的，海洋部应负责监督在巴西水下大陆架或领海或内水进行的活动，并应扣押未经有关当局许可而在前述区域内进行勘探或研究的任何船舶。

（1）被发现从事未经授权的研究或勘探的任何人应受到巴西法律规定的刑罚处罚。

（2）与未经授权的研究或勘探有关的任何物品应被没收并交海洋部保存，在听取其他适当的利益相关团体的意见后，决定对其采取的处置。

…………

《巴西宪法》
关于国家组织的摘要
（1988 年 10 月 5 日通过）

第二章　关 于 联 邦

第二十条

1. 联邦的公共财产应包括：

（1）现在属于联邦或将来可能属于联邦的财产；

（2）对边界防卫、军事工程和工事、联邦通信连接以及环境保护至关重要的、法律规定未被占有的土地；

（3）位于境内或流经多国并构成与他国的边界，流入或发源于外国的湖泊、河流和任何水道，以及河流沿岸与河滩；

（4）在邻接他国的区域内的河流和湖泊中的岛屿、海滩、海岛和陆边岛，但第二十六条第 II 款提及的区域除外；

（5）大陆架和专属经济区的自然资源；

（6）领海；

（7）海岸和沿海冲积地；

（8）潜在的水力发电来源；

（9）矿物资源，包括底土资源；

（10）天然洞穴、地下考古和史前遗址；

（11）传统上为印第安人占据的土地。

2.（1）在法律规定的条件下，各州、联邦特区、各市和联邦的直接管理机构应分享在各领土、大陆架、领海或专属经济区开发石油或天然气、生产电能的水资源以及其他矿产资源所产生的收益，或分担对开发活动的财政补偿。

（2）沿陆地边界 150 千米宽的边境地区对国家领土及其防卫至关重要，其使用应受到法律规范。

关于领海、毗连区、专属经济区和大陆架的第 8.617 号法律

（1993 年 1 月 4 日）

共和国总统

我在此公布由国民大会颁布并由我批准的下列法律：

第一章 领　　海

第一条

巴西领海是宽 12 海里的一带海域，自经巴西承认的大比例尺海图上标明的巴西沿岸的低潮线量起。

在海岸线极为曲折的地方，或者如果紧接海岸有一系列岛屿，划定测算领海宽度的基线可采用连接适当各点的直线基线法。

第二条

巴西主权及于领海及其上空，以及领海的海床和底土。

第三条

所有国家的船舶享有无害通过巴西领海的权利。

（1）通过只要无损于巴西的和平、良好秩序或安全就是无害的，且应继续不停并迅速航行。

（2）无害通过可以包括停泊和下锚，但仅在通常航行的范围内，或为不可抗力或危难之必要，或为了向危险或危难中的人、船舶或飞机提供援助。

（3）在巴西领海中，外国船舶受巴西政府制定的规章的约束。

第二章　毗　连　区

第四条

巴西的毗连区是自测量领海宽度的基线量起，从 12 海里到 24 海里的一带海域。

第五条

在毗连区内，为以下事项之必要，巴西得进行管制：

（1）预防在领土或领海范围内对海关、财政、移民或卫生法案和规章的违反；

（2）惩罚在领土或领海范围内对法案和规定或规章的违反。

第三章　专属经济区

第六条

巴西的专属经济区是自测量领海宽度的基线量起，从 12 海里至 200 海里的一带海域。

第七条

在专属经济区内，巴西享有以勘探、开发、保护和管理在海床的上覆水域、海床和底土的生物和非生物自然资源为目的的主权权利，以及关于在区域内从事经济性开发和勘探的其他活动的主权权利。

第八条

在专属经济区内，巴西在行使管辖权时，对管理海洋科学研究、海洋环境保护和保全，以及各种人工岛屿、设施和结构的建造、操作和使用享有排他性的权利。

第九条

在专属经济区内，军事操练和演习，尤其是涉及武器或爆炸物的使用，只有经巴西政府同意方可由其他国家进行。

第十条

在专属经济区，所有国家享有航行与飞越的自由，以及与这些自由有关的其他国际合法用途，比如与船舶和飞机的操作有关的用途。

第四章 大 陆 架

第十一条

巴西的大陆架包括领海以外，依陆地领土的全部自然延伸，扩展到大陆边外缘的海底区域的海床和底土。如果大陆边外缘不到200海里，则从测算领海宽度的基线起扩展到200海里的距离。

大陆架的外部界限依据1982年12月10日在蒙特哥湾签署的《联合国海洋法公约》确定。

第十二条

为勘探大陆架和开发大陆架自然资源的目的，巴西对大陆架行使主权权利。

本条提及的自然资源包括海床和底土的矿产资源和其他非生物资源，以及定居种生物资源，即在海床上或海床下不能移动或必须与海床或底土保持接触才能移动的生物。

第十三条

在大陆架上，巴西在行使管辖权时，对管理海洋科学研究、海洋环境保护和保全，以及各种人工岛屿、设施和结构的建造、操作和使用享有排他性的权利。

（1）在大陆架上，根据相关的现行法律，海洋科学研究只有经巴西政府同意方可由其他国家从事。

（2）巴西政府有授权和管理为一切目的在大陆架上进行钻探的专属权利。

第十四条

所有国家有在大陆架上铺设海底电缆和管道的权力。

（1）划分大陆架上铺设海底电缆和管道的路线，应经巴西政府同意。

（2）巴西政府可以为进入其领土或领海铺设电缆或管道设定条件。

第十五条

本法自公布之日起生效。

第十六条

特此废除 1970 年第 1.098 号法令及与本法冲突的其他规定。

本法律批准于巴西利亚，1993 年 1 月 4 日，暨获得独立的第 172 周年和共和国成立的第 105 周年。

确定巴西沿岸直线基线的地理坐标表
（依据《联合国海洋法公约》，巴西于 2004 年 5 月 11 日交与联合国秘书长）

巴西沿岸的直线基线由连接以下地理坐标点的线段划定，现交与联合国秘书长。如下：

Ⅰ – 奥亚波基海湾（Oiapoque Bay）：

点	北　纬	西　经
1	04°30′30″	051°38′14″
2	04°27′28″	051°30′53″

Ⅱ – 亚马孙河（Amazon River）河口，帕拉河（Parã River）河口和帕拉州（Parã State）以及马拉尼昂州（Maranhão State）沿岸：

续 表

点	北 纬	西 经
3	02°47′10″	050°53′13″
4	02°11′11″	051°30′53″
5	01°41′42″	049°54′56″
6	00°15′21″	051°30′53″
7	00°35′09″	047°17′50″
8	00°53′28″	046°12′33″
9	01°16′24″	044°54′04″
10	01°18′21″	044°50′53″
11	02°14′52″	043°37′06″
12	02°19′00″	043°21′34″

Ⅲ – 马拉尼昂州（Maranhão State）与皮奥伊州（Piauí State）沿岸：

点	北 纬	西 经
13	02°33′17″	042°43′16″
14	02°43′12″	041°49′43″

Ⅳ – 托多苏斯桑托斯湾（Todosos Santos Bay）:

点	北 纬	西 经
15	13°00′42″	038°31′57″
16	13°08′52″	038°47′39″
17	13°38′50″	038°52′30″
18	02°19′00″	038°55′25″

Ⅴ – 巴伊亚州（Bahia State）南部沿岸：

点	北 纬	西 经
19	16°53′46″	039°07′00″
20	17°58′25″	038°41′40″

续 表

点	北 纬	西 经
21	17°58′52″	038°41′53″
22	17°58′03″	039°12′28″
23	17°53′46″	039°20′00″

Ⅵ – 圣埃斯皮里图州（Espirito Santo State）沿岸

点	北 纬	西 经
24	19°55′15″	040°06′05″
25	20°40′44″	040°21′53″
26	21°36′57″	041°00′32″

Ⅶ – 里约热内卢州（Rio de Janeiro State）、圣保罗州（São Paulo State）和圣卡塔琳娜州（Santa Catarina State）沿岸：

点	北 纬	西 经
27	22°06′46″	041°10′07″
28	22°23′59″	041°41′40″
29	22°46′10″	041°47′12″
30	22°59′50″	041°58′39″
31	23°01′04″	042°00′00″
32	23°04′46″	043°12′28″
33	23°13′39″	044°09′36″
34	23°57′49″	045°14′31″
35	24°06′38″	045°41′37″
36	24°19′49″	046°09′46″
37	24°29′28″	046°40′37″
38	25°21′25″	048°02′14″
39	26°10′35″	048°29′05″
40	26°46′47″	048°34′20″

续 表

点	北 纬	西 经
41	27°16′10″	048°19′37″
42	27°26′36″	048°20′50″
43	27°29′14″	048°21′17″
44	27°50′40″	048°25′47″
45	28°21′01″	048°36′01″
46	28°36′13″	048°48′37″

Ⅷ – 楚伊河（Arroio Chuí）:

点	北 纬	西 经
47	33°44′33″	053°22′29″

正常基线标示在由海军水文与航行指挥部公布的大比例尺海图上，在巴西大陆沿岸的其他所有部分以及巴西岛屿沿岸均采用正常基线。

作为直线基线点参照所使用的地理坐标点的大地测量系统是 WGS84。

加拿大
Canada

（英文文本截止于 2006 年）

石油及天然气生产和保护法案
（1969 年 6 月 27 日）

第 0—4 章（适用于育空和西北地区）
1969—1970 年法案修订，C43，第 30 章（第一次增补）

1. 1970 年修改的加拿大法案中的《石油及天然气生产和保护法案》的第 0-4 章的长标题（The Oil and Gas Production and Conservation Act）自此无效，更改为：

"An Act Respecting the Production and Conservation of Oil and Gas"

…………

适 用 范 围

3. 该法案适用于以下任何领域中涉及石油和天然气的情形，即：

（1）育空地区或西北地区；

（2）加拿大海岸附近 200 米深的海底区域或向外延伸到上覆水域的深度允许对其海床和海底土壤这些自然资源开发利用的地方；

（3）任何属于加拿大女皇陛下的陆地，或加拿大女皇陛下对其矿物有开发和处置权的地方。

但是，位于地理限制以内的任何地区，或者石油和天然气资源的经营管理权已依法转让的十个省，不适用本法案。

领海地理坐标条例
（1972 年 5 月 9 日）

简　称

1. 此条例将被称为《领海地理坐标条例》。

词 语 解 释

2. 在此条例中：

“法案”指领海和捕鱼区法案；

“区域”，指用一个数字表示的范围，包括与该区域相邻的所有岛屿和低潮高地；

“C.H.S 海图”指加拿大水道测量局的海图；

“地理坐标”指由一览表中第 2、3 纵列内容所决定的纬度和经度。

一 般 规 定

3. 在一览表表 1、表 2 和表 3 中的地理坐标列表里，表中涉及法案所有的地区里，其地理坐标的基线是根据法案制定的。

4.（1）对于地理坐标点被列于一览表 1 中 1、2、3、4、5、6 号地区，其基线是将所列各点直接相连的直线。

（2）对于地理坐标点被列于一览表 2 中的地区，其基线是包含所列各点的沿岸低潮线。

（3）对于组成所列岛屿的 1、2、3、4、5、6 号地区和一览表 3 中所列的低潮高地，其基线是岛屿和低潮高地的低潮线。

5. 一览表 4 中所列的地理坐标点中，对于该一览表所指的区域 3 部分，其领海的外部界限取决于所列各点直接相连的直线，取代法案 3（1）部分中所描述的领海外部界线。

表 1–1
（s.s.2,3and4）
地区 1
拉布拉多

列 1	列 2	列 3	列 4
位　置	纬　度	经　度	C.H.S. 图表
1. 双岛	52°15′30″N	55°32′58″W	4701
2. 矛基点	52°26′37″N	55°37′40″W	4701
3. 东双岛	52°40′20″N	55°44′43″W	4702
4. 库珀岛	52°54′37″N	55°47′26″W	4702
5. 迪斯通岛	52°58′55″N	55°44′34″W	4702
6.S. E. 乌鸦岛	53°12′23″N	55°41′19″W	4702
7. 环山岛	53°25′58″N	55°36′22″W	4703
8. 北狼岛	53°43′06″N	55°55′10″W	4703
9. 外甘内特岛	54°00′00″N	56°32′12″W	4732
10. 东南岩岛	54°14′58″N	56°48′22″W	4732
11. 东岩岛	54°27′06″N	56°51′08″W	4732
12. 贵格帽岛	54°44′08″N	57°20′28″W	4730
13. 哈里森海角	54°55′35″N	57°54′35″W	4730

续 表

列 1	列 2	列 3	列 4
位 置	纬 度	经 度	C.H.S. 图表
14. 莱格岛	55°00′55″N	58°11′30″W	4730
15. 凯德来路易岛	55°12′20″N	58°44′05″W	4730
16. 腾来维克岛	55°18′40″N	59°19′20″W	4730
17. 白熊	55°26′08″N	59°30′32″W	4730
18. 那不托克岛	55°51′55″N	59°54′30″W	4730
19. 凯德莱特岛	56°14′22″N	60°27′29″W	4730
20. 平岩	56°22′02″N	60°30′13″W	4730
21. 母幼鸡岛	56°30′08″N	60°37′27″W	4730
22. 哨兵岩	56°48′20″N	60°47′24″W	4775
23. 三重岛	56°53′58″N	60°59′02″W	4763
24. 孤岛	57°02′28″N	61°08′27″W	4763
25. 巴尔内斯岛	57°12′26″N	61°18′40″W	4763
26. 齐齐塔克首克岛	57°16′24″N	61°18′07″W	4763
27. 马镫岛	57°34′27″N	61°18′37″W	4775
28. 白熊岛	57°55′15″N	61°39′49″W	4775
29. 守护者岛	58°13′43″N	62°06′56″W	4775
30. 风铃草岛	58°30′06″N	62°34′32″W	4775
31. 比格岛	58°33′03″N	62°38′08″W	4775
32. 赖谢尔头	58°49′02″N	62°54′38″W	4776
33. 沟谷海角	59°02′40″N	63°07′43″W	4776
34. 大白熊皮岛	59°21′47″N	63°25′04″W	4776
35. 未名小岛	59°37′22″N	63°29′10″W	4776
36. 盖尔莱奴群	59°50′54″N	63°46′00″W	4776
37. 盖尔莱奴群	59°54′35″N	63°47′58″W	4776

续 表

列 1	列 2	列 3	列 4
位 置	纬 度	经 度	C.H.S. 图表
38. 盖尔莱奴群	59°59′32″N	63°52′25″W	4776
39. 未名岛	60°05′04″N	63°57′30″W	4776
40. 嘎斯别岛	60°15′41″N	64°12′54″W	4776
41. 阿尔戈岛	60°19′43″N	64°17′45″W	4776
42. 卡伯特岛	60°26′20″N	64°25′47″W	4776

表 1–2
地区 2
纽芬兰东部与东南部（1）

列 1	列 2	列 3	列 4
位 置	纬 度	经 度	C.H.S. 图表
1. 莱默莱尼乱岩	46°50′21″N	55°49′30″W	4016
2. 乱岩	46°50′17″N	55°44′51″W	4016
3. 奥夫岛	46°51′21″N	55°37′25″W	4016
4. 费若兰的海德	46°52′16″N	55°23′04″W	4016
5. 玛丽海角	46°49′14″N	54°11′54″W	4016
6.S.W. 双牛	46°46′34″N	54°06′13″W	4016
7. 鱼群基点	46°36′50″N	53°35′12″W	4016
8. 弗利儿海角	46°36′42″N	53°33′30″W	4016
9. 错误基点	46°37′29″N	53°09′48″W	4016
10. 跛岩基点	46°38′29″N	53°06′08″W	4016
11. 大约翰基点	46°38′36″N	53°05′51″W	4016
12. 未名半岛	46°38′45″N	53°05′32″W	4016
13. 瑞斯海角	46°39′30″N	53°04′18″W	4016

续 表

列 1	列 2	列 3	列 4
位　置	纬　度	经　度	C.H.S. 图表
14. 巴拉德海角	46°47′16″N	52°56′52″W	4016
15. 瑞纽斯岩	46°52′39″N	52°54′00″W	4016
16. 熊湾基点	46°56′27″N	52°53′33″W	4016
17. 野兔的耳朵	47°00′57″N	52°51′13″W	4016
18. 布劳乐海角	47°03′47″N	52°51′08″W	4016
19. 伟岛	47°10′57″N	52°48′32″W	4016
20. 绿岛	47°14′10″N	52°46′45″W	4016
21. 公牛头	47°18′34″N	52°44′51″W	4016
22. 动岩	47°26′11″N	52°39′31″W	4016
23. 北头	47°29′04″N	52°38′03″W	4016
24. 斯比尔海角	47°31′25″N	52°37′13″W	4016
25. 红颜头	47°38′50″N	52°39′38″W	4016
26. 涛备基点	47°39′57″N	52°40′08″W	4016
27. 红头	47°43′20″N	52°42′01″W	4016
28. 黑头北 1	47°45′22″N	52°42′43″W	4016
29. 黑头北 2	47°45′29″N	52°42′51″W	4016
30. 鸽子岛	47°48′17″N	52°46′19″W	4016
31. 弗朗西斯海角	47°48′34″N	52°47′12″W	4016
32. 斯布里特基点	48°06′06″N	52°51′00″W	4563
33. 北头	48°32′49″N	53°00′13″W	4562
34. 弗老沃斯基点	48°35′56″N	52°59′48″W	4562
35. 弗老沃斯基点	48°35′59″N	52°59′48″W	4562
36. 南鸟岛	48°37′30″N	53°00′34″W	4562
37. 北鸟岛	48°38′07″N	53°00′54″W	4562

续 表

列 1	列 2	列 3	列 4
位　置	纬　度	经　度	C.H.S. 图表
38.L 阿杰特海角	48°39′29″N	53°01′48″W	4562
39. 海鸥岛	48°42′47″N	53°05′32″W	4562
40. 东卡伯特岛	49°10′23″N	53°21′30″W	4520

表 1–2
地区 2–2
纽芬兰东部与东南部（2）

列 1	列 2	列 3	列 4
位　置	纬　度	经　度	C.H.S. 图表
41. 海鸥岛	49°15′26″N	53°25′46″W	4520
42. 外猫岛	49°19′55″N	53°35′19″W	4520
43. 奥夫万德汉姆岛	49°35′42″N	53°45′42″W	4520
44. S.E. 营房岛	49°47′30″N	53°59′04″W	4520
45. 主教岛	49°49′52″N	54°04′49″W	4520
46. N.E. 特尔小岛	49°50′11″N	54°08′45″W	4520
47. 海鸥岛	50°00′01″N	55°21′15″W	4520
48. 海鸥岛	50°00′08″N	55°21′48″W	4520
49. 北比尔	50°00′20″N	55°30′00″W	4520
50. 博伊斯岛	50°01′43″N	55°52′48″W	4520
51. 顽童海角	50°08′15″N	56°04′20″W	4520
52. 鹧鸪基点	50°09′14″N	56°07′08″W	4520
53. 推灵哥特头	50°39′00″N	56°07′33″W	4583
54. 狐狸海角	50°51′33″N	55°53′31″W	4583
55. 胭脂海角	50°55′30″N	55°49′36″W	4583

续 表

列 1	列 2	列 3	列 4
位 置	纬 度	经 度	C.H.S. 图表
56. St. 朱利安岛	51°06′15″N	55°42′51″W	4515
57. 费朝特岛	51°10′33″N	55°40′38″W	4515
58. 乌鸦头	51°22′19″N	55°29′49″W	4514
59. 东怀特岛	51°34′52″N	55°21′00″W	4731

表 1–3
地区 3
纽芬兰西南部

列 1	列 2	列 3	列 4
位 置	纬 度	经 度	C.H.S. 图表
1. 瑞伊海角	47°37′15″N	59°18′20″W	4015
2. 晒戈岛	47°35′20″N	59°14′54″W	4015
3. 达科岛	47°33′48″N	59°11′35″W	4015
4. 扬基岩	47°33′28″N	59°10′28″W	4015
5.S.E. 岩	47°33′55″N	58°59′40″W	4015
6.S.W. 晒戈岩	47°35′32″N	58°43′15″W	4015
7. 黑岩	47°35′52″N	58°41′35″W	4015
8. 爱尔兰岛	47°37′48″N	58°22′25″W	4015
9. 奥夫岛	47°38′25″N	58°13′30″W	4015
10. 米菲尔岛	47°33′20″N	57°39′55″W	4015
11. 南特岛	47°30′05″N	57°26′50″W	4015
12. 克伦姆比岛	47°22′36″N	56°59′38″W	4015
13. 罗德岛	47°22′30″N	56°58′58″W	4015
14. 危岩	47°31′50″N	56°48′05″W	4015

续 表

列 1	列 2	列 3	列 4
位　置	纬　度	经　度	C.H.S. 图表
15. 布莱克基点	47°36′40″N	56°30′15″W	4015
16.S.W. 狼岩	47°28′50″N	56°13′36″W	4015
17. 小碟岛	47°11′06″N	56°03′50″W	4626
18. 棒糖岩	46°54′56″N	55°58′51″W	4626
19. 东鹦鹉基点	46°53′14″N	55°56′08″W	4625
20. 莱码赖宁晒戈岛	46°50′23″N	55°49′41″W	4016

表 1–4
地区 4
新斯科舍（1）

列 1	列 2	列 3	列 4
位　置	纬　度	经　度	C.H.S. 图表
1. 惠普尔基点	44°14′12″N	66°23′48″W	4011
2. 海鸥岩	44°12′31″N	66°23′24″W	4011
3.St. 玛丽海角	44°04′40″N	66°12′42″W	4011
4. 柴沟紧基点	43°51′03″N	66°10′17″W	4011
5. 福朱海角	43°47′58″N	66°10′14″W	4322
6. 甘内特岩	43°38′26″N	66°08′59″W	4011
7. 恶魔手臂	43°24′11″N	66°02′20″W	4011
8. 希尔岛	43°23′34″N	66°01′08″W	4011
9. 希尔岛	43°23′29″N	66°00′29″W	4011
10. 黑貂海角	43°23′18″N	65°37′10″W	4215
11. 塞尔维基岛	43°27′57″N	65°22′45″W	4215
12. 波特暗礁	43°40′28″N	65°02′05″W	4213

续 表

列 1	列 2	列 3	列 4
位　置	纬　度	经　度	C.H.S. 图表
13. 小希望岛	43°48′29″N	64°47′22″W	4213
14. 西头	43°59′20″N	64°39′40″W	4212
15. 黑岩	44°10′28″N	64°19′32″W	4211
16. 十字岛	44°18′40″N	64°10′01″W	4384
17. 贝蒂岛	44°26′16″N	63°46′04″W	4385
18. 彭南特基点	44°25′51″N	63°39′00″W	4385
19. 晒戈岩	44°25′50″N	63°34′09″W	4385
20. 黑岩	44°26′54″N	63°32′10″W	4385
21. 孤独岛	44°37′04″N	63°16′52″W	4311
22. 老人	44°39′33″N	62°59′44″W	4311
23. 运输暗礁	44°39′26″N	62°51′58″W	4311
24. 海狸岛	44°49′25″N	62°20′13″W	4317
25. 鲍文暗礁	44°52′10″N	62°09′22″W	4317
26. 海鸥暗礁	44°54′34″N	62°01′47″W	4317
27. 伯里克斯岩	45°03′08″N	61°39′20″W	4284
28. 乡村岛	45°05′53″N	61°32′30″W	4283
29. 晒戈岩	45°10′08″N	61°21′18″W	4283
30. 白头岛	45°11′45″N	61°07′55″W	4282
31. 燧石岛	45°11′58″N	61°06′29″W	4282
32. 怀特基点暗礁	45°14′36″N	60°58′52″W	4280
33. 米肖基点	45°34′13″N	60°40′41″W	4374
34. 巴斯克岛	45°34′28″N	60°38′55″W	4374
35. 圣埃斯普利特岛	45°37′12″N	60°29′26″W	4374
36. 西头	45°38′36″N	60°25′25″W	4374

续 表

列 1	列 2	列 3	列 4
位　置	纬　度	经　度	C.H.S. 图表
37. 福朱头	45°42′58″N	60°13′48″W	4374
38. 盖恩岛	45°45′54″N	60°06′38″W	4374
39. 盖恩岛	45°46′06″N	60°06′15″W	4374
40. 布莱克岩	45°48′14″N	60°03′42″W	4375
41. 怀特基点	45°52′23″N	59°59′40″W	4375
42. 波特诺娃岛	45°56′15″N	59°47′28″W	4375

表 1–4
地区 4–2
新斯科舍（2）

列 1	列 2	列 3	列 4
位　置	纬　度	经　度	C.H.S. 图表
43. 斯该泰瑞岛	45°59′33″N	59°42′01″W	4375
44. 考莫莱德瑞岩	46°02′14″N	59°39′42″W	4375
45. 燧石岛	46°10′51″N	59°46′12″W	4375
46. 大卫头	46°14′58″N	60°02′36″W	4367
47. 大卫头	46°15′11″N	60°03′36″W	4367
48. 露依基点	46°16′04″N	60°07′36″W	4367
49. 史莫吉海角	46°37′39″N	60°21′01″W	4367
50. 东岩	46°41′12″N	60°19′48″W	4363
51. 艾格蒙特角	46°50′54″N	60°18′09″W	4363
52. 马宁基点	47°01′46″N	60°23′25″W	4363

地区 5
温哥华岛

列 1	列 2	列 3	列 4
位　置	纬　度	经　度	C.H.S. 图表
1. 波尼拉基点	48°35′37″N	124°43′09″W	3607
2. 帕奇纳基点	48°43′15″N	125°05′52″W	3627
3. 玛拉岩	48°52′30″N	125°28′40″W	3627
4. 佛罗伦萨小岛	48°58′35″N	125°38′43″W	3627
5. 荀兰德岩	49°04′12″N	125°51′52″W	3627
6. 克里兰德岛	49°10′08″N	126°05′23″W	3640
7. 艾斯塔湾基点	49°22′35″N	126°33′00″W	3640
8. 海斯奎亚特半岛	49°24′10″N	126°35′02″W	3640
9. 浅滩基点	49°36′56″N	126°49′57″W	3662
10. 史库娜海湾	49°40′32″N	126°54′30″W	3662
11. 费雷尔基点	49°43′52″N	126°58′02″W	3662
12. 泰特出基点	49°51′30″N	127°09′26″W	3662
13. 堰洲岛	49°57′19″N	127°20′13″W	3623
14. 瞭望岛	50°00′23″N	127°30′49″W	3623
15. 克拉克基点	50°04′32″N	127°48′47″W	3623
16. 布鲁克斯半岛	50°05′30″N	127°52′37″W	3623
17. 索兰德岛	50°06′32″N	127°56′16″W	3623
18. 索兰德岛	50°06′39″N	127°56′26″W	3623
19. 索兰德岛	50°06′52″N	127°56′34″W	3623
20. 夸扣特尔基点	50°20′07″N	127°59′33″W	3680
21. 拓扑诺特基点	50°32′16″N	128°13′14″W	3624
22. 帕默斯顿海角	50°36′36″N	128°18′27″W	3624
23. 维妮弗雷德岛	50°39′40″N	128°22′00″W	3625

表 1–5
地区 6
夏洛特皇后岛

列 1	列 2	列 3	列 4
位　置	纬　度	经　度	C.H.S. 图表
1. 坤格希特岛	51°56′37″N	131°01′52″W	3825
2. 坤格希特岛	51°57′12″N	131°02′58″W	3825
3. 巴伯基点	51°58′14″N	131°04′38″W	3825
4. 安东尼岛	52°05′00″N	131°14′13″W	3825
5. 麦克林弗雷泽基点	52°12′48″N	131°25′25″W	3853
6. 威尔斯湾	52°19′32″N	131°33′35″W	3853
7. 麦克湾	52°30′39″N	131°47′00″W	3853
8. 默里湾	52°34′38″N	131°53′44″W	3853
9.Mt. De la Touche 西海角	52°41′34″N	132°03′45″W	3853
10. 塔苏海峡	52°44′50″N	132°08′32″W	3853
11. 查得基点	52°48′01″N	132°14′06″W	3853
12. 瓶子基点	52°53′41″N	132°19′33″W	3854
13. 亨利海角	52°55′38″N	132°22′00″W	3854
14. 基德勾楼基点	53°02′48″N	132°32′05″W	3854
15. 巴克基点	53°05′11″N	132°34′50″W	3854
16. 大理岩	53°11′45″N	132°40′12″W	3869
17. 亨特基点	53°15′08″N	132°43′26″W	3869
18. 卿大坤岩	53°18′54″N	132°47′35″W	3869
19. 喜帕岛	53°32′51″N	133°01′05″W	3869
20. 天岩	53°46′24″N	133°07′23″W	3868
21. 弗雷德里克岛	53°56′17″N	133°12′02″W	3868
22. 卡鲁岩	54°09′50″N	133°07′38″W	3868

续 表

列 1	列 2	列 3	列 4
位 置	纬 度	经 度	C.H.S. 图表
23. 兰加拉岛	54°14′45″N	133°05′02″W	3868
24. 兰加拉岛	54°14′58″N	133°04′48″W	3868

表 2
（s.s.2,3and4）
地区 2
纽芬兰东南部与南部

列 1	列 2	列 3	列 4
位 置	纬 度	经 度	C.H.S. 图表
28. 黑头北	47°45′22″N	52°42′43″W	4016
29. 黑头北	47°45′29″N	52°42′51″W	4016

表 3
（s.s.2,3and4）
地区 1
拉布拉多

位 置	C.H.S. 表
斗牛犬岛	4730

地区 2
纽芬兰东南部与东部

列 1	列 2	列 3	列 4
位 置	纬 度	经 度	C.H.S. 图表
巴克凯利岛	——	——	4563
放克岛	——	——	4520

续 表

列 1	列 2	列 3	列 4
位　置	纬　度	经　度	C.H.S. 图表
St. 巴维尔岛	——	——	4520
格雷岛	——	——	402
St. 玛丽小岛	46°42′53″N	54°13′07″W	4622
鲸回	48°35′20″N	52°59′33″W	4562
弗老沃斯基点	48°36′09″N	52°59′39″W	4562
营房岛	49°47′54″N	53°58′50″W	4520

地区 3
纽芬兰西南部

列 1	列 2	列 3	列 4
位　置	纬　度	经　度	C.H.S. 图表
守护岩	47°23′09″N	56°50′05″W	4015

表 3–2
地区 4
新斯科舍

列 1	列 2	列 3	列 4
位　置	纬　度	经　度	C.H.S. 图表
1. 赛布尔岛			4490
2. 三重暗礁	43°59′40″N	66°18′18″W	4324
3. 甘内特干暗礁	43°36′37″N	66°10′31″W	4326
4. 品尼高岩	43°22′42″N	65°39′24″W	4216
5. 诶缪乐思碎浪区	43°40′03″N	65°02′09″W	4213

续 表

列 1	列 2	列 3	列 4
位　置	纬　度	经　度	C.H.S. 图表
6. 布尔岩	44°25′42″N	63°37′53″W	4385
7. 马德里岩	44°25′52″N	63°33′39″W	4385
8. 布罗德碎浪	44°26′21″N	63°32′21″W	4385
9. 姐妹	44°26′46″N	63°31′42″W	4385
10. 阿诺德岩	44°39′10″N	63°00′48″W	4311
11. 西南暗礁	44°38′44″N	62°54′50″W	4347
12. 泰勒古斯	44°45′56″N	62°30′50″W	4317
13. 西晒戈儒斯特	44°46′54″N	62°27′18″W	4317
14. 南伊斯特	45°03′04″N	61°35′18″W	4321
15. 汤姆考得考克	45°04′38″N	61°32′30″W	4321
16. 布兰迪暗礁	45°07′20″N	61°27′37″W	4321
17. 巴斯岩	45°20′43″N	60°53′03″W	4335

地区 5
温哥华岛

列 1	列 2	列 3	列 4
位　置	纬　度	经　度	C.H.S. 图表
1. 佩雷斯岩	49°24′34″N	126°35′55″W	3640
2. 内浅滩暗礁	49°36′10″N	126°50′20″W	3662
3. 班格思暗礁	50°04′53″N	127°50′59″W	3680
4.N.W. 班格思暗礁	50°05′36″N	127°53′12″W	3680
5. 帕默斯顿海角	50°37′00″N	128°19′15″W	3624

表 3–3
地区 6
夏洛特皇后岛

列 1	列 2	列 3	列 4
位　置	纬　度	经　度	C.H.S. 图表
1. 坤哥尼特岛	51°58′13″N	131°04′43″W	3825
2. 安东尼岛	52°04′37″N	131°14′13″W	3825
3. 亨特基点	53°15′00″N	132°43′47″W	3869
4. 奎奎迪兹暗礁	53°32′33″N	133°01′18″W	3869
5. 天头	53°47′28″N	133°08′52″W	3868
6. 拉鹏若斯暗礁	54°00′54″N	133°10′51″W	3868

表 4
（s.s.2and5）
纽芬兰西南

列 1	列 2	列 3	列 4
	纬　度	经　度	C.H.S. 图表
位置 1	46°38′46″N	55°54′12″W	4016
位置 2	46°41′56″N	55°55′28″W	4016
位置 3	46°48′10″N	55°58′57″W	4626
位置 4	46°51′20″N	56°05′30″W	4626
位置 5	46°51′36″N	56°05′58″W	4626
位置 6	46°55′52″N	56°07′47″W	4626
位置 7	47°06′02″N	56°06′18″W	4626
位置 8	47°18′19″N	56°15′18″W	4015
位置 9	47°21′54″N	56°29′40″W	4015

尾注：

1. 见表 2。

2. 见表 2。

领海地理坐标条例（第 7 区）

（1985 年 9 月 10 日）

简 称

1. 此条例可以被称作《领海地理坐标条例（第 7 区）》。

名词解释

2. 在此条例中：

“法案”指领海和捕鱼区法案；

“第 7 区”指加拿大北极岛屿、大陆，包括所有岛屿和与数字代表的区域相连的岛屿所邻接的低潮高地（地区 7）；

“C.H.S 海图”指加拿大水道测量局的海图（S.H.C 地图）。

一般规定

3.（1）在一览表表 1、表 2 和表 3 中的地理坐标列表里，表中涉及法案中关于第 7 区的，其地理坐标的基线是根据法案制定的。

（2）为实现第一部分的目标，一览表中所列事项的地理坐标点是由该一览表中的第四列所指图表所决定的。

4.（1）对于第 7 区部分，一览表 1 中所列各地理坐标点，其基线是连接所列点的直线。

（2）对于第 7 区部分，一览表 2 中所列各地理坐标点，其基线是连接所列各点的低潮线。

（3）对于第 7 区部分，一览表 2 中所列各地理坐标点，其基线是岛屿和低潮高地的低潮线。

表 1–1
[部分 4（1）]
地区 7
加拿大北极群岛和大陆

列 1	列 2	列 3	列 4
位　置	纬　度	经　度	C.H.S. 图表和版本
1.（1）怒那卢克沙嘴 *	69°36′54″N	139°54′10″W	7601（1979）
2. 和谢尔岛 *	69°38′30″N	139°07′24″W	7601（1979）
3. 林森头 *	69°34′40″N	138°50′25″W	7601（1979）
4. 凯基点	69°17′54″N	138°23′20″W	7602（1981）
5. 皮特岛	69°10′55″N	136°16′00″W	7602（1981）
6. 加里岛	69°29′55″N	135°49′03″W	7602（1981）
7. 佩利岛	69°35′18″N	135°35′30″W	7602（1981）
8. 佩利岛 *	69°38′22″N	135°29′00″W	7602（1981）
9. 琥珀岛	69°41′45″N	134°55′15″W	7604（1984）
10. 普领岛 *	69°47′08″N	134°23′18″W	7604（1984）
11. 普领岛 *	69°46′45″N	134°16′18″W	7604（1984）
12. 亨德里克森岛	69°32′25″N	133°31′50″W	7604（1984）
13. 塔夫特基点 *	69°44′15″N	132°32′15″W	7604（1984）
14. 沃伦基点 *	69°45′50″N	132°17′24″W	7604（1984）
15. 阿特金森基点	69°57′10″N	131°26′15″W	7605（1984）
16. 瑞丽夫小岛	70°10′20″N	130°46′40″W	7605（1984）
17. 大豪斯海角	70°16′12″N	129°45′36″W	7605（1984）
18. 观测基点	70°38′15″N	128°16′06″W	7606（1984）

续 表

列 1	列 2	列 3	列 4
位 置	纬 度	经 度	C.H.S. 图表和版本
19. 凯勒特海角*	71°59′10″N	126°01′00″W	7081（1971）
20. 米克基点*	72°52′20″N	125°07′00″W	7832（1971）

表 1–2
地区 7
加拿大北极群岛和大陆

列 1	列 2	列 3	列 4
位 置	纬 度	经 度	C.H.S. 图表和版本
21.（2）利奥特基点*	73°06′03″N	124°52′20″W	7832（1971）
22. 未名基点*	73°29′00″N	124°18′40″W	7832（1971）
23. 伯纳德岛	73°34′45″N	124°20′30″W	7832（1971）
24. 挪威岛*	73°41′50″N	124°41′00″W	7832（1971）
25. 挪威岛*	73°42′50″N	124°43′00″W	7832（1971）
26. 罗毕里安得岛	73°55′30″N	124°32′00″W	7832（1971）
27. 飞利浦岛	74°05′05″N	124°35′40″W	7832（1971）
28. 格尔岛	74°17′45″N	125°04′00″W	7832（1971）
29. 格尔岛	74°18′45″N	125°01′30″W	7832（1971）
30. 阿弗雷德王子海角	74°20′30″N	124°46′00″W	7832（1971）
31. 坚毅基点	75°54′10″N	122°40′20″W	7832（1971）
32. 未名岛	76°00′20″N	123°01′00″W	7952（1972）
33. 未名岛	76°01′24″N	123°03′30″W	7952（1972）
34. 未名岛	76°03′00″N	123°05′00″W	7952（1972）
35. 未名岛	76°12′20″N	122°59′00″W	7952（1972）
36. 岚资安迪	76°21′24″N	122°58′00″W	7952（1971）
37. 未名岛	76°27′05″N	122°09′00″W	7952（1972）
38. 怕力图莱特基点	76°44′36″N	121°12′00″W	7952（1972）

续 表

列 1	列 2	列 3	列 4
位　置	纬　度	经　度	C.H.S. 图表和版本
39. 未名岛	77°16′00″N	119°23′00″W	7952（1972）
40. 安德瑞森海角	77°19′30″N	119°10′00″W	7952（1972）
41. 未名岛	77°22′30″N	118°47′00″W	7952（1972）

表 1–3
地区 7
加拿大北极群岛和大陆

列 1	列 2	列 3	列 4
位　置	纬　度	经　度	C.H.S. 图表和版本
42. 未名岛	77°24′30″N	118°12′00″W	7952（1972）
43. 卫星海湾	77°31′15″N	117°16′00″W	7952（1972）
44. 利奥波德海角	77°32′36″N	116°54′00″W	7952（1972）
45. 巴兰坦海峡	77°35′50″N	116°34′00″W	7952（1972）
46. 波利尼亚岛	77°38′55″N	116°08′00″W	7952（1972）
47. 波利尼亚岛	77°45′55″N	115°54′00″W	7952（1972）
48. 波利尼亚岛	77°48′50″N	115°47′00″W	7952（1972）
49. 布洛克岛	77°54′00″N	115°26′00″W	7952（1972）
50. 布洛克岛	78°05′20″N	115°02′30″W	7952（1972）
51. 威尔金斯海峡	78°20′25″N	114°12′00″W	7952（1972）
52. 鲍顿岛	78°27′50″N	113°07′00″W	7953（1972）
53. 鲍顿岛	78°34′40″N	112°30′00″W	7953（1972）
54. 鲍顿岛	78°37′18″N	112°12′50″W	7953（1972）
55. 鲍顿岛	78°48′00″N	110°46′00″W	7953（1972）
56. 一查森半岛	79°22′45″N	105°32′00″W	7953（1972）

续 表

列 1	列 2	列 3	列 4
位　置	纬　度	经　度	C.H.S. 图表和版本
57. 米恩岛	80°08′53″N	99°46′00″W	7953（1972）
58. 贝利岛	80°11′12″N	99°18′00″W	7953（1972）
59. 西北海角	80°21′36″N	96°34′00″W	7953（1972）
60. 朗姆岛	80°32′10″N	96°15′00″W	7953（1972）

表 1–4
地区 7
加拿大北极群岛及大陆

列 1	列 2	列 3	列 4
位　置	纬　度	经　度	C.H.S. 图表和版本
61. 雷克阿维克岛	80°40′15″N	96°07′00″W	7953（1972）
62. 阿克塞尔海博格岛	81°00′15″N	95°14′00″W	7953（1972）
63. 托马斯哈伯德海角	81°20′12″N	94°18′00″W	7953（1972）
64. 克雷伯特半岛	81°43′50″N	91°42′00″W	7954（1974）
65. 博乐岛	81°56′40″N	90°35′00″W	7954（1974）
66. 阿姆斯壮海角	82°06′06″N	88°03′00″W	7954（1974）
67. 伍兹海角	82°13′06″N	86°50′00″W	7954（1974）
68. 阿勒特基点	82°27′30″N	85°47′00″W	7954（1974）
69. 比克瑙海角	82°48′54″N	81°31′00″W	7954（1974）
70.（3）芙莎马丁海角 *	82°56′50″N	79°53′00″W	7954（1974）
71. 理查兹海角 *	82°58′20″N	79°22′00″W	7954（1974）
72. 探索海角	83°05′20″N	76°53′00″W	7954（1974）
73. 沃德阻尼岛	83°08′10″N	74°07′30″W	7304（1978）
74. 奈尔瑞兹海角	83°05′55″N	71°33′00″W	7304（1978）

续 表

列 1	列 2	列 3	列 4
位　置	纬　度	经　度	C.H.S. 图表和版本
75. 奥德里奇海角	83°06′40″N	69°42′00″W	7304（1978）
76. 史杜克贝利基点	82°57′00″N	66°44′00″W	7304（1978）
77. 海克拉海角	82°54′30″N	64°52′00″W	7304（1978）
78. 约瑟夫亨利海角	82°49′40″N	63°33′00″W	7304（1978）
79. 谢丽丹海角 *	82°28′30″N	61°32′00″W	7304（1978）
80. 弗兰格尔海湾 *	82°00′15″N	62°19′00″W	7304（1978）

表 1–5
地区 7
加拿大北极群岛及大陆

列 1	列 2	列 3	列 4
位　置	纬　度	经　度	C.H.S. 图表和版本
81.（4）弗兰格尔海湾 *	81°58′30″N	62°30′00″W	7304（1978）
82. St. 帕德里克海湾 *	81°47′35″N	63°54′00″W	7304（1978）
83. 贝尔德海角 *	81°29′40″N	64°28′30″W	7072（1971）
84. 博克海角 *	80°55′30″N	67°21′00″W	7072（1971）
85. 凡不兹海角 *	80°53′05″N	67°34′00″W	7072（1971）
86. 劳伦斯海角 *	80°20′54″N	69°36′00″W	7072（1971）
87. 克诺尔海角 *	79°50′00″N	71°14′00″W	7071（1964）
88. 路易拿破仑海角 *	79°37′20″N	72°40′00″W	7071（1964）
89. 霍克斯海角	79°30′27″N	73°32′00″W	7071（1964）
90. 维多利亚头	79°13′50″N	74°27′00″W	7071（1964）
91. 亨利海角 *	79°09′06″N	74°35′00″W	7071（1964）
92. 阿尔伯特海角 *	79°02′56″N	74°24′00″W	7071（1964）

续 表

列 1	列 2	列 3	列 4
位 置	纬 度	经 度	C.H.S. 图表和版本
93. 萨宾海角	78°43′55″W	74°06′00″W	7071（1964）
94. 布里乌特岛	78°40′40″N	74°07′00″W	7071（1964）
95. 和谢尔海角	78°35′06″N	74°35′00″W	7071（1964）
96. 伊莎贝啦海角	78°19′40″N	75°02′00″W	7071（1964）
97. 佩吉特基点 *	78°06′24″N	75°33′30″W	7302（1978）
98. 顿斯德威里海角 *	77°57′20″N	75°53′00″W	7302（1978）
99. 奥恩岛	77°52′24″N	76°19′00″W	7302（1978）
100. 谋奥特海角 *	77°35′45″N	77°42′00″W	7302（1978）

表 1–6

地区 7

加拿大北极群岛及大陆

列 1	列 2	列 3	列 4
位 置	纬 度	经 度	C.H.S. 图表和版本
101.（5）爱斯基摩断崖 *	77°26′24″N	78°14′30″W	7302（1978）
102. 昆波摩尔海角 *	76°58′20″N	77°58′30″W	7302（1978）
103. 诺顿萧伯纳海角 *	76°27′24″N	78°23′30″W	7302（1978）
104. 菲利普斯基点	76°03′00″N	78°49′50″W	7302（1978）
105. 夏洛特公主纪念碑	75°50′30″N	78°49′50″W	7302（1978）
106. 约翰逊基点 *	75°22′45″N	79°29′30″W	7302（1978）
107. 帕克海角 *	75°13′25″N	79°30′50″W	7302（1978）
108. 科伯恩海角	74°53′00″N	79°19′00″W	7220（1979）
109. 德罗斯岛	74°48′00″N	79°32′20″W	7220（1979）
110. 谢拉德海角	74°36′00″N	80°13′00″W	7220（1979）

续 表

列 1	列 2	列 3	列 4
位 置	纬 度	经 度	C.H.S. 图表和版本
111. 黑尔海角 *	73°44′12″N	80°01′40″W	7220（1979）
112. 格汉姆摩尔海角 *	72°52′12″N	76°03′30″W	7220（1979）
113. 鲍文海角 *	72°33′30″N	75°33′00″W	7220（1979）
114. 考特斯海角 *	72°15′26″N	74°55′06″W	7217（1983）
115. 安特巴斯海角	72°14′00″N	74°41′20″W	7217（1983）
116. 詹姆士海角	72°04′45″N	74°14′20″W	7217（1983）
117. 卡根赫姆海角	71°46′30″N	73°35′50″W	7217（1983）
118. 卢瑟福王海角	71°41′42″N	73°10′30″W	7217（1983）
119. 亨特海角 *	71°39′30″N	72°32′50″W	7217（1983）
120. 斯科特小岛 *	71°15′00″N	71°08′50″W	7217（1983）

表 1–7
地区 7
加拿大北极群岛及大陆

列 1	列 2	列 3	列 4
位 置	纬 度	经 度	C.H.S. 图表和版本
121. 复登海角	71°07′10″N	70°46′45″W	7217（1983）
122. 艾瑞克基点	70°51′50″N	69°46′25″W	7217（1983）
123.（6）埃灵顿海角 *	70°47′12″N	69°14′30″W	7217（1983）
124. 克里斯蒂安海角 *	70°33′40″N	68°18′40″W	7053（1970）
125. 艾格尼丝纪念碑	70°31′12″N	68°11′30″W	7053（1970）
126. 休伊特海角 *	70°16′00″N	67°44′30″W	7053（1970）
127. 瑞博海角 *	69°44′30″N	66°56′30″W	7053（1970）
128. 亨利凯特半岛 *	69°16′00″N	66°29′00″W	7053（1970）

续 表

列 1	列 2	列 3	列 4
位　置	纬　度	经　度	C.H.S. 图表和版本
129. 亨利凯特半岛 *	69°12′20″N	66°28′20″W	7053（1970）
130. 塞梯格桑岛	68°31′40″N	66°33′00″W	7053（1970）
131. 玛尼屯岛	68°08′40″N	65°29′30″W	7053（1970）
132. 坎格伊克基点 *	68°02′20″N	64°57′30″W	7053（1970）
133. 坎格伊克基点 *	67°58′40″N	64°44′00″W	7053（1970）
134. 布劳顿海角	67°39′12″N	63°56′00″W	7053（1970）
135. 商贾海湾	67°20′24″N	63°05′30″W	7053（1970）
136. 赛尔海角	67°13′40″N	62°27′30″W	7053（1970）
137. 德班岛	67°07′20″N	62°05′30″W	7052（1966）
138. 未名岛	66°56′05″N	61°42′00″W	7052（1966）
139. 戴尔海角 *	66°46′00″N	61°26′00″W	7052（1966）
140. 戴尔海角 *	66°36′12″N	61°15′30″W	7052（1966）

表 1–8
地区 7
加拿大北极群岛及大陆

列 1	列 2	列 3	列 4
位　置	纬　度	经　度	C.H.S. 图表和版本
141. 艾克赛特海峡	66°20′36″N	61°28′00″W	7052（1966）
142. 沃森汉姆海角	66°00′05″N	61°57′00″W	7052（1966）
143. 安吉莱克岛	65°40′06″N	62°06′30″W	7052（1966）
144. 安吉莱克岛	65°37′30″N	62°08′30″W	7052（1966）
145. 木格马克岛	65°16′30″N	62°56′00″W	7052（1966）

列 1	列 2	列 3	列 4
位　置	纬　度	经　度	C.H.S. 图表和版本
146. 科宝岛	64°52′06″N	63°15′30″W	7052（1966）
147. 乐博宁岛	64°18′40″N	64°29′30″W	7051（1973）
148. 勒秘幽克岛	64°02′20″N	64°14′30″W	7051（1973）
149. 勒秘幽克岛	63°54′50″N	64°08′00″W	7051（1973）
150. 勒秘幽克岛	63°37′50″N	63°55′00″W	7051（1973）
151. 勒秘幽克岛	63°25′15″N	63°53′00″W	7050（1961）
152. 富兰克林女士岛	62°56′24″N	63°41′00″W	7050（1961）
153. 富兰克林女士岛	62°55′10″N	63°41′30″W	7050（1961）
154. 纪念岛	62°46′00″N	63°45′00″W	7050（1961）
155. 北海角	62°31′12″N	64°05′00″W	7050（1961）
156. 洛克斯兰德	62°16′24″N	64°26′40″W	7050（1961）
157. 埃基尔岛	61°48′10″N	64°44′00″W	7050（1961）
158. 决议岛	61°37′50″N	64°36′30″W	7050（1961）
159. 决议岛	61°31′20″N	64°33′15″W	7050（1961）
160. 哈顿陆岬	61°19′00″N	64°46′30″W	7050（1961）
161. 莱西岛	60°41′06″N	64°35′00″W	4773（1963）
162. 骑士群	60°34′30″N	64°31′30″W	4773（1963）
163. 卡伯特岛	60°26′20″N	64°25′47″W	4773（1963）

表 2–1
[部分 4(2)]
地区 7
加拿大北极群岛及大陆

列 1	列 2	列 3	列 4
位　置	纬　度	经　度	C.H.S. 图表和版本
分界点基点	69°38′46″N	141°00′00″W	7601(1979)
努那卢克沙嘴	69°36′54″N	139°54′10″W	7601(1979)
和谢尔岛	69°38′30″N	135°07′24″W	7601(1979)
林森头	69°34′40″N	138°50′25″W	7601(1979)
佩利岛	69°35′18″N	135°35′30″W	7602(1981)
佩利岛	69°38′22″N	135°29′00″W	7602(1981)
普伦岛	69°47′08″N	134°23′18″W	7604(1984)
普伦岛	69°46′45″N	134°16′18″W	7604(1984)
邱一特基点	69°44′15″N	132°32′15″W	7604(1984)
沃伦基点	69°45′50″N	132°17′24″W	7604(1984)
凯勒特海角	71°59′10″N	126°01′00″W	7081(1971)
米克基点	72°52′20″N	125°07′00″W	7832(1971)
来欧特基点	73°06′03″N	124°52′20″W	7832(1971)
未名基点	73°29′00″N	124°18′40″W	7832(1971)
挪威岛	73°41′50″N	124°41′00″W	7832(1971)
挪威岛	73°42′50″N	124°43′00″W	7832(1971)
范莎威马丁海角	82°56′50″N	79°53′00″W	7954(1974)
理查兹海角	82°58′20″N	79°22′00″W	7954(1974)
谢丽丹海角	82°28′30″N	61°32′00″W	7304(1978)
弗兰格尔海湾	82°00′15″N	62°19′00″W	7304(1978)
弗兰格尔海湾	81°58′30″N	62°30′00″W	7304(1978)

续 表

列 1	列 2	列 3	列 4
位　置	纬　度	经　度	C.H.S. 图表和版本
St. 帕德里克海湾	81°47′35″N	63°54′00″W	7304（1978
贝尔德海角	81°29′40″N	64°28′30″W	7072（1971）
贝克海角	80°55′30″N	67°21′00″W	7072（1971）
凡不兹海角	80°53′05″N	67°34′00″W	7072（1971）
劳伦斯海角	80°20′54″N	69°36′00″W	7072（1971）
克诺尔海角	79°50′00″N	71°14′00″W	7071（1964）
路易拿破仑海角	79°37′20″N	72°40′00″W	7071（1964）

表 2–2
[部分 4（2）]
地区 7
加拿大北极群岛及大陆

列 1	列 2	列 3	列 4
位　置	纬　度	经　度	C.H.S. 图表和版本
亨利海角	79°09′06″N	74°35′00″W	7071（1964）
阿尔伯特海角	79°02′56″N	74°24′00″W	7071（1964）
佩吉特基点	78°06′24″N	75°33′30″W	7302（1978）
顿斯德威里海角	77°57′20″N	75°53′00″W	7302（1978）
牟爱特海角	77°35′45″N	77°42′00″W	7302（1978）
爱斯基摩断崖	77°26′24″N	78°14′30″W	7302（1978）
康博米勒海角	76°58′20″N	77°58′30″W	7302（1978）
诺顿萧伯纳海角	76°27′24″N	78°23′30″W	7302（1978）
约翰逊基点	75°22′45″N	79°29′30″W	7302（1978）
帕克海角	75°13′25″N	79°30′50″W	7302（1978）

续 表

列 1	列 2	列 3	列 4
位 置	纬 度	经 度	C.H.S. 图表和版本
海伊海角	73°44′12″N	80°01′40″W	7220（1979）
格莱汉姆摩尔海角	72°52′12″N	76°03′30″W	7220（1979）
鲍文海角	72°33′30″N	75°33′00″W	7220（1979）
考缇兹海角	72°15′26″N	74°55′06″W	7217（1983）
亨特海角	71°39′30″N	72°32′50″W	7217（1983）
斯科特湾	71°15′00″N	71°08′50″W	7217（1983）
埃灵顿海角	70°47′12″N	69°14′30″W	7217（1983）
克里斯蒂安海角	70°33′40″N	68°18′40″W	7053（1970）
休伊特海角	70°16′00″N	67°44′30″W	7053（1970）
瑞博海角	69°44′30″N	66°56′30″W	7053（1970）
亨利凯特半岛	69°16′00″N	66°29′00″W	7053（1970）
亨利凯特海角	69°12′20″N	66°28′20″W	7053（1970）
坎格艾克基点	68°02′20″N	64°57′30″W	7053（1970）
坎格艾克基点	67°58′40″N	64°44′00″W	7053（1970）
戴尔海角	66°46′00″N	61°26′00″W	7052（1966）
戴尔海角	66°36′12″N	61°15′30″W	7052（1966）

表 3
[部分 4（3）]
地区 7
加拿大北极群岛及大陆

列 1	列 2	列 3	列 4
位 置	纬 度	经 度	C.H.S. 图表和版本
新月浅滩	70°13′05″N	130°31′05″W	7605（1984）

续 表

列 1	列 2	列 3	列 4
位　置	纬　度	经　度	C.H.S. 图表和版本
兔岛	72°36′50″N	125°09′30″W	7832（1971）
海斯维尔基点	72°40′24″N	125°06′50″W	7832（1971）
泰勒岛	72°50′30″N	125°13′00″W	7832（1971）
未名岛	66°37′20″N	61°16′00″W	7052（1966）

尾注：

标注“*”的位置请参见表 2。

有关国际法庭强制管辖的通告
（1994 年 5 月 10 日）

以加拿大政府的名义，宣布如下通告。

1. 加拿大依据《法院法》第 36 条第 2 项，通过 1985 年 9 月 10 日发表的宣言接受了国际法院的强制管辖权，并于当时生效。我在此发出通知终止加拿大对该管辖权的接受。

2. 我宣布加拿大政府依据《法院法》第 36 条第 2 项，在互惠的基础上，但不做出任何特殊规定，直到有通告宣布终止为止，接受国际法院对此通告发布后在事实、情形方面产生的所有争议的事实上的强制管辖，下列争议除外：

（1）当事双方已经达成或即将达成诉诸其他和平解决协议的争议；

（2）将按照争议方已经或将要达成的协议解决的涉及联邦中任何其他成员国的争议；

（3）依据国际法不属于加拿大管辖范围的争议；

（4）产生于或涉及加拿大在 1978 年的《西北大西洋渔场未来多边合作

公约》中，于西北大西洋渔业组织调整范围内所采取的保护、管理措施及实施措施的争议。

3. 加拿大政府保留向联合国总理事会发布通告，增加、修改或撤回之前或之后可能增加的保留条款，且从通告发布时生效。

该通告要求告知接受选择条款的所有国家政府及国际法庭登记部门。

路易斯 • 弗莱切特，大使和常驻代表

加拿大海洋法

（1996 年 12 月 18 日议会通过，2005 年 10 月 5 日修订）

序　言

有鉴于加拿大认识到北冰洋、太平洋和大西洋是所有加拿大人的共同遗产；

有鉴于议会希望重申加拿大在海洋和海洋资源管理方面的世界领先地位；

有鉴于议会希望在加拿大国内法中确认加拿大在其专属经济区内的主权权利、管辖权与责任；

有鉴于加拿大努力促进对海洋、海洋过程、海洋资源和海洋生态系统的了解，以确保海洋及其资源的可持续发展；

有鉴于加拿大认为，用基于生态系统的方法开展保护工作，对于保持海洋生物多样性与生产力具有十分重要的意义；

有鉴于加拿大主张广泛采用预防与谨慎方法来保护、管理和开发海洋资源，以保护海洋资源和保全海洋环境；

有鉴于加拿大认识到，海洋及其资源为加拿大的经济多样化和为所有加拿大人（特别是沿海地区的民众）创造财富提供了巨大机遇；

有鉴于加拿大倡导对海洋及其资源进行综合管理；

有鉴于渔业与海洋部和加拿大政府其他部门和机构、省和地区政府、有关的土著民组织、沿海社区和其他人员与机构（包括根据土地所有权协议建立的那些机构）一道，鼓励制定和实施对河口、海岸带和海洋生态系统进行管理的国家战略；

为此，根据加拿大参众两院的建议和许可，女王陛下特颁布此法律。

第一条 简称

本法可称为《海洋法》。

第二条 定义

在本法中：

“人工岛屿”系指海床或海床地物上的任何人造延伸部分，不管该延伸部分是否浮出上覆水域的水面。

“部”系指渔业与海洋部。

“联邦法律”包括《议会法》《解释法》第二条第 1 款所指的法规和议会管辖下的任何其他法律法规，但不包括《西北地区法》或育空地区法规或努纳武特地区法规涵盖的法令。

一个省的“法律”，包括在该省生效的法律或法律规则，但不包括联邦法律和根据联邦法律制定的任何法律文件的条款。

“海洋设施或构筑物”包括：

（1）任何船舶和任何系泊锚或与其使用有关的锚链或索具垫板；

（2）任何海上钻探装置、生产平台、海底装置、泵站、居住舱室、储藏设施、装卸或装载平台、疏浚船、浮吊、管道铺设驳船或其他驳船或管线和任何锚泊系统以及与它们的使用有关的锚链或索具垫板；

（3）根据第二十六条（1）①规定的任何其他装置或一类装置中的一种。

“部长”系指渔业与海洋部部长。

“船舶”包括设计用于（或能用于）单独（或部分）进行海上航行的任何类型的船、艇或运载体，无论它们采用什么推进系统，或是否有推进系统。

第 1 款 保留条款

为更加确定起见，本法中任何内容均不应被解释为废除或损害加拿大土著民根据 1982 年《宪法》第三十五条所享有的土著民权利或条约权利。

女王陛下（政府）

第三条 女王陛下（政府）

本法对加拿大女王陛下（政府）和女王陛下省政府具有约束力。

第一部分 加拿大的海洋区域

领海和毗连区

第四条 领海

加拿大的领海是指以第五条描述的基线作为其内部界限和按下面两款规定确定的外部界限之间的一带海域，此外部界限是：

（1）一条其每点同基线最近点的距离为 12 海里的线，但须受下述（2）款制约；

（2）有关各点的地理坐标已根据第二十五条（1）②项作了规定的那部分领海，其外部界限是据此规定的地理坐标点的连线。

第五条 基线的确定

（1）（加拿大领海）基线是沿岸低潮线，或全部（或部分）与大陆（或岛屿）的距离不超过加拿大领海宽度的低潮高地的低潮线，但须遵循下述（2）款和（3）款的规定。

（2）点的地理坐标

加拿大也可使用直线基线，它们是将法规规定的连续的地理坐标点连接起来的地测线。使用直线基线的海域是指用第二十五条（1）①项规定的地理坐标点确定的任何区域，以及法规规定的除以下情形外的其他情况：

①在给定点之间使用沿岸低潮线；

②在存在全部（或部分）与大陆（或岛屿）的距离不超过加拿大领海

宽度的低潮高地的情况下，使用低潮高地低潮线。

（3）具有历史性权利的基线

在上述（2）款未提及的区域，其基线是除加拿大领海以外且加拿大拥有历史性权利或主权权利的其他任何区域的外部界限。

（4）低潮高地

为本条之目的，低潮高地是在低潮时四面环水并高出水面，但在高潮时没入水中的自然形成的陆地。

第六条　内水

加拿大的内水由加拿大领海基线向陆一侧的水域组成。

第七条　加拿大的组成部分

为更加确定起见，加拿大的内水和加拿大领海是加拿大的组成部分。

第八条　女王陛下的权利

（1）为更加确定起见，不属于省的任何海域和加拿大内水以及领海以下的底土的权利属于女王陛下。

（2）保留条款

本条中任何内容均不应废除或损害 1991 年 2 月 4 日之前的任何合法权利或利益。

第九条　省的法律的适用

（1）除本条和任何其他议会法律有规定的外，省的法律适用于以下任何海域：

①构成加拿大内水或加拿大领海的组成部分的海域；

②不在任何省范围内的海域；

③法律规定的任何海域。

（2）限制性条款

除第二十六条（1）④项有规定外，本条（1）款不适用于省法律中与下述情形有关的条款：

①与征税或征收矿区使用费有关；

②与矿产资源或其他非生物自然资源有关。

（3）解释条款

为本条之目的，省的法律适用于属于该省领土之内的海域。

（4）付给省的费用

如果根据本条规定某省的法律适用于该省范围内的海域，那么按照省法律规定应收取的相关费用，属于女王陛下省政府所有。

（5）限制条款

为了更加确定起见，本条不应被解释为某省（或代表该省）提出权利主张的依据，这种主张涉及的是该省对根据本条规定省法律适用的海域（及其生物或非生物资源）提出的利益主张或法律管辖权主张，也不得将本条解释为限制联邦法律的适用。

第十条 毗连区

加拿大毗连区的内部界限为加拿大领海的外部界限，外部界限为距加拿大领海基线为 24 海里的各点的连线，但不包括构成另一国领海的一部分或另一国拥有主权权利的海域。

第十一条 防止在毗连区违反联邦法律

负责执行属于海关、财政、移民或卫生法律的联邦法律执法人员，如果有正当理由认为在毗连区内某人（如果该人要进入加拿大）违反上述法律，执法人员可制止该人进入加拿大，或制止其违法行为，但不应违背加拿大承担的国际义务。为更加确定起见，根据本条享有任何权力的人，可按照《刑法法典》第二十五条行使权力。

第十二条 联邦法律在毗连区的实施

（1）如果有正当理由认为某人在加拿大违反了海关、财政、移民或卫生等联邦法律，（执法人员）可在加拿大行使针对该人的逮捕、登记、搜查或扣押等权力，在加拿大毗连区同样可行使这种权力。

（2）限制条款

未经加拿大检察总长同意，不得在加拿大毗连区内对任何在加拿大以外的国家注册的船舶行使本条（1）款中所述的逮捕权。

第十三条 专属经济区

（1）加拿大专属经济区是位于加拿大领海外，且毗邻加拿大领海的区域，其内部界限是加拿大领海的外部界限，以下规定的界限为其外部界限：

①距加拿大领海基线的最近点为 200 海里的各点的连线，但须遵守本条下述（2）款规定；

②至于其地理坐标已根据第二十五条（1）③项作了规定的那部分加拿大专属经济区，其外部界限是据此规定的地理坐标点所确定的线。

（2）专属经济区外部界限的确定

为更加确定起见，不管是否根据第二十五条（1）④项出台了旨在确定加拿大专属经济区外部界限的地理坐标点的法规，本条上述（1）①项仍适用。

第十四条 主权权利和管辖权

加拿大享有：

（1）以勘探和开发、养护和管理海床上覆水域和海床及其底土的自然资源（无论是生物资源或非生物资源）为目的的主权权利，以及在加拿大专属经济区内从事经济性开发和勘探，如利用海水、海流和风力生产能等其他活动的主权权利；

（2）对下列事项的管辖权：

①人工岛屿、设施和构筑物的建造和使用；

②海洋科学研究；

③海洋环境的保护和保全。

（3）国际法规定的在加拿大专属经济区内的其他权利和义务。

第十五条 女王陛下（政府）的权利

（1）为更加确定起见，加拿大在其专属经济区的海床及其底土的权利和其资源权利，均属于加拿大女王陛下（政府）。

（2）保留条款

本条的任何内容，均不应废除或损害 1991 年 2 月 4 日之前的任何合法权利或利益。

第十六条 加拿大的渔区

加拿大渔区是法律规定的毗邻加拿大海岸的海区。

大 陆 架

第十七条 大陆架

（1）加拿大的大陆架包括其领海以外依其陆地领土的全部自然延伸，扩展到大陆边外缘的海底区域的海床和底土，包括加拿大专属经济区的海床和底土：

①加拿大大陆架延伸至根据国际法确定的加拿大大陆边的外缘，这构成加拿大大陆架的最大范围，包括加拿大陆块没入水下的延伸部分，由陆架、陆坡和陆基的海床和底土构成，但不包括深洋洋底及其海脊，也不包括其底土，但须遵守本条下述②和③的规定；

②如果从测算领海宽度的基线量起到大陆边的外缘的距离不足 200 海里，则扩展到 200 海里的距离；

③至于根据第二十五条（1）③项对地理坐标作出了规定的那一部分大陆架，其范围延伸至根据已规定过的地理坐标确定的点的连线。

（2）大陆架外部界限的确定

为更加确定起见，不管是否已经根据第二十五条（1）④项出台了旨在划定大陆边外缘或加拿大大陆架的其他外部界限的地理坐标的法规，本条（1）①项和②项均适用。

第十八条　主权权利

为勘探大陆架和开发其自然资源的目的，加拿大对其大陆架行使主权权利。这里所指的自然资源包括海床和底土的矿物和其他非生物资源，以及属于定居种的生物，即在可捕捞阶段在海床上或海床下不能移动或其躯体须与海床或底土保持接触才能移动的生物。

第十九条　女王陛下（政府）的权利

（1）为更加确定起见，加拿大在其大陆架的任何权利属于女王陛下政府。

（2）保留条款

本条的任何内容均不应废除或损害 1991 年 2 月 4 日之前的任何合法权利或利益。

第二十条　联邦法律的适用

（1）除第二十六条（1）⑩或⑪项有规定的外，联邦法律适用于：

①海洋设施或海上构筑物上或其下方，时间为从该设施或构筑物为勘探大陆架或开发其矿物或其他非生物资源的目的而布放或固定在加拿大大陆架之时起，到该设施或海上构筑物从加拿大大陆架上覆水域移走时为止；

②在加拿大大陆架上建造、安装和放置的任何人工岛屿上或下方；

③根据法规设置的在本条上述①项或②项提及的任何海洋设施或海上

构筑物周围的安全区内。

（2）解释

为本条（1）款之目的，联邦法律仍适用于下述情况：

①把该条提及的地方视为加拿大领土的一部分；

②尽管条款规定只适用于加拿大，联邦法律仍适用于本条（1）款；

③执行联邦法律时，应尊重另一国家根据国际法所享有的权利与自由，特别应尊重另一国家在航行与飞越方面享有的权利与自由。

第二十一条 省的法律的适用

（1）除本条和任何其他议会法另有规定外，在联邦法律根据第二十条规定适用的任何海洋区域，省的法律也适用。这些区域是：

①属于加拿大专属经济区的一部分，或位于加拿大大陆架之上；

②不在任何省范围内的区域；

③法规规定的任何区域。

（2）限制条款

除根据第二十六条（1）④项制定的任何规定外，本条上述（1）款不适用于省法律中与下列情况有关的任何条款：

①与征收税或矿区使用费有关；

②与矿物资源或其他非生物自然资源有关。

（3）解释条款

为本条之目的，如果根据本条规定，省法律所适用的海域在该省的领土范围内，则该省法律适用于该海区。

（4）应付给省的经费

如果根据本条规定某省的法律适用于该省范围内的海域，那么按照省法律规定应收取的相关经费，归女王陛下省政府所有。

（5）限制条款

为了更加确定起见，本条不应被解释为某省（或代表该省）提出权利主张的依据。这种主张涉及的是该省对根据本条规定省法律适用的海域（及其生物或非生物资源）提出的利益主张或法律管辖权主张，也不得将本条解释为限制联邦法律的适用。

法院的管辖权

第二十二条 管辖权的延伸

（1）对于发生在某省的任何事项拥有管辖权的法院，也对涉及根据本法适用的联邦法律的任何这类事项拥有管辖权，只要该事项全部（或部分）发生在不归任何省管辖的海域,但应遵守根据本条（4）款和第二十六条（1）⑧项的规定。前提是：

①该海域与该省海岸的距离比距离其他任何省的海岸近；

②法规有相关规定。

（2）管辖权的延伸——省法律

对发生在某省的任何事项拥有管辖权的法院，也对涉及根据本法适用的省法律的任何这类事项拥有管辖权，只要该事项全部（或部分）发生在该省的法律根据本法规定适用的海域,但应遵守第二十六条（1）⑧项的规定。

（3）法令和权力

本条上述（1）款或（2）款提及的法院，可就该部分提及的任何事项制定法院认为必要的法令，或行使其认为必要的权力。

（4）刑事犯罪

法院根据联邦法律所享有的刑事犯罪管辖权和权力，按照《刑法法典》第四四七条第 3 款、第四八一条第 1 款和第 2 款规定加以确定。

（5）保留条款

本条中任何内容均不得限制法院行使本法以外的管辖权。

（6）“法院”的定义

在本条中，“法院”包括法院法官和治安法官。

杂项规定

第二十三条 证书——外交部部长

（1）在任何法律诉讼或其他诉讼中，由外交部部长颁发（或经其许可颁发）的证书，任何时候都是与诉讼有关的材料，前提是该证书包含下列区域内的地理位置：

①加拿大的内水；

②加拿大领海；

③加拿大毗连区；

④加拿大专属经济区；

⑤加拿大大陆架或其上方。

无论该证书是否有签发人的签字，或是否具有签发人的正式特征，该证书都是确证。

（2）证书——渔业与海洋部长

在任何法律诉讼或其他诉讼中，由部长颁发（或经其许可颁发）的证书，如果包含任何地理位置，该证书则在任何时间都是与诉讼有关的材料，前提是该证书涉及的海域是根据第九条或第二十一条规定省法律适用的海域。无论该证书是否有签发人的签字，或是否具有证书签发人的正式特征，都是确证。

（3）不能强迫提供证书

本条（1）款或（2）款所指证书，在（1）款和（2）款提及的诉讼中是可接受的证据，但不能强迫提供该证书。

第二十四条　保留条款

本部分中任何内容，均不应限制除本部分以外的任何法律、法律规则或法律文件的实施。

规　　定

第二十五条　外交部部长提议的规定

总督可根据外交部部长的提议制定下列规定：

（1）用以确定地理坐标的规定。根据这些地理坐标可：

① 根据第五条（2）款确定直线基线（被称为地测线）；

②确定法律规定的加拿大领海中一部分的外部界限线。这一部分领海，按照总督的意见，如果根据第四条（1）款确定这部分加拿大领海，将与另一国的领海（或与另一国拥有主权权利的领海）发生冲突，或不合理地太靠近另一国的海岸；

③确定法律规定的加拿大专属经济区或大陆架的一部分的外部界限线。这一部分专属经济区或大陆架，按照总督的意见，如果根据第十三条（1）①项确定或根据第十七条（1）①项或②项确定，将与另一国的领海，或与另一国拥有主权权利的领海发生冲突，或不合理地太靠近另一国的海岸，或者不适宜；

④确定加拿大专属经济区的外部界限，或大陆边外缘，或加拿大大陆架的其他外部界限。

（2）确定毗邻加拿大海岸的加拿大渔区。

第二十六条 司法部部长提议的规定

（1）总督可根据司法部部长的提议制定为下述目的服务的规定：

①为落实第二条所指“海上设施或构筑物”规定而给某一设施或某一类设施下定义；

②为制定根据第九条或第二十一条规定适用于海域中任何部分的省法律服务，即使该法律按其本身的条款只适用于该省内的一个特殊区域；

③把第九条（1）款或第二十一条（1）款的适用范围限制在法规所指明的省法律范围内；

④让第九条（1）款或第二十一条（1）款规定，按照法规确定的期限和条件（如果有的话），适用于与征税或征收矿区使用费，或与矿物或其他非生物资源有关的省法律；

⑤让省的任何法律不适用于第九条（1）款或第二十一条（1）款；

⑥确定用以划设第二十条（1）③项提及的安全区的方法；

⑦为第九条（1）款、第二十一条（1）款或第二十二条（1）款之目的，规定一个海区或一个省；

⑧把第二十二条（1）款、（2）款或（3）款的适用范围限制在一个区或一个省的分区的法院；

⑨为了划设海域和为第二十二条（1）款之目的，用以确定距海岸最近的省的方法；

⑩让任何联邦法律或一个省的法律或其任何条款，不适用于第二十条（1）款或第二十一条（1）款，前提是它涉及加拿大大陆架中或其上的任何区域，或涉及在这类区域中进行的任何特定活动；

⑪让联邦法律或省法律或它们中的任何条款，按照法规规定的情况，适用于下列区域：

（i）加拿大专属经济区或其中一部分；

（ii）加拿大大陆架内或上方，或大陆架的一部分之内或上方；

（iii）加拿大大陆架以外的任何区域，前提是这种适用符合加拿大签署的国际协议或文件的规定。

（2）限制条款

根据本条上述（1）款作出的与省法律有关的规定，只适用于一个特定的区域或地方，或只适用于法律中的特定条款。

（3）解释条款

为了本条（1）⑩项和⑪项之目的，

①如果根据上述相关条款制定的任何法规提及的地方属于加拿大领土的一部分，联邦法律或省法律则适用；

②尽管按照其条款，联邦法律或一个省的法律只适用于加拿大或一个省，但联邦法律或一个省的法律仍适用；

③采用正确的方式行使联邦法律或省法律，不应损害另一国根据国际法享有的权利和自由，尤其是不应损害另一国在航行与飞越方面享有的权利与自由。

第二十七条 提议的规定的公布

（1）由总督提议根据第二十五条（2）款或第二十六条制定的法规，应至少在该法规提议生效日期之前60天，在《加拿大政府公报》上公布，并让有关人员和有关省有机会发表对拟议的规定的意见。

（2）例外

已按照本条规定发布的拟议中的法规，无须根据本条要求重新发布，不管其是否作了更改。

第二部分 海洋管理战略

第二十八条 本部分不适用于内陆水域

为更加确定起见，本部分不适用于河流和湖泊。

第二十九条 战略的制定与实施

部长在与加拿大政府的其他部长、委员会和机构，省和地区政府，有关的土著民组织、沿海团体以及其他人士与机构（包括那些根据土地权利协议建立的机构等）合作的基础上，负责领导和推进加拿大海洋管理战略的制定与实施，以管理加拿大的河口、海岸带和海洋生态系统，或管理根据国际法享有主权权利的水域。

第三十条 战略遵循的原则

该国家（海洋）战略将以下列原则为基础：

（1）可持续发展原则，即当代人在为满足自身需要而发展的同时，不损害后代满足其需要的能力；

（2）综合管理原则，即对在加拿大河口、海岸带和海洋中开展的活动，或在加拿大根据国际法享有主权权利的海域开展的活动进行综合管理；

（3）预防与谨慎原则，即谨慎行事，避免发生错误。

第三十一条 综合管理规划

部长应在与加拿大政府的其他部长、委员会和机构，省和地区政府，有关的土著民组织、沿海团体及其他人士和机构（包括那些根据土地权利协议建立的机构）合作的基础上，负责领导和推进加拿大海洋规划的制定与实施，以管理在加拿大河口、海岸带和海洋（或加拿大根据国际法享有主权权利的区域）进行的活动或相关措施，或管理对这些区域有影响的活动或措施。

第三十二条 综合管理规划的实施

为了实施综合管理，部长应：

（1）根据法律赋予部长的职能，组织制定和实施相关政策与计划；

（2）与政府其他部门、委员会和机构协调，实施与海岸带和海洋中进行的（或对这些海域产生影响的）活动或措施有关的政策与计划；

（3）可单独地，或与其他人或机构一起，或与政府的另一个部、委员会或机构一起，并在考虑政府其他部长、委员会和机构，省和地区政府，有关的土著民团体、沿海社区及其他人士和团体（包括那些根据土地权利协议建立的机构）的意见的基础上，建立咨询或管理机构，并视情况任命或指定这些机构的成员；承认已建立的咨询机构或管理机构；

（4）在与加拿大政府其他部长、委员会和机构，省和地区政府，有关土著民组织、沿海团体及其他人士和机构（包括那些根据土地权利协议建立的机构）协商的基础上，制定有关河口、海岸带和海洋水域的海洋环境质量指南、目标与标准。

第三十三条 合作与协议

（1）部长在行使本法赋予的权力和履行本法为其规定的职责与任务时，应：

①与加拿大政府其他部长、委员会及机构，省和地区政府，有关的土著民组织、沿海团体及其他人士和机构（包括那些根据土地权利协议建立的机构）合作；

②可与任何人或机构，或与加拿大政府的另一个部长、委员会或机构签署协议；

③收集、汇编、分析、协调和传播信息；

④根据财政委员会批准的条件提供赠款和捐助；

⑤代表加拿大政府的任何其他一个部长、委员会或机构，或省，或任何人或机构，并应他们的请求，使用可回收的开支。

（2）协商

部长在行使本条规定的权力和履行本条所述职责与义务时，可与加拿大政府的其他部长、委员会及机构，省和地区政府，有关的土著民组织、沿海团体及其他人士和机构（包括根据土地权利协议建立的机构）进行协商。

第三十四条 后勤保障等

为了促进对河口、海岸带和海洋生态系统的科学了解，部长可协调后勤保障工作和相关援助的提供工作。

第三十五条 海洋保护区

（1）海洋保护区属于加拿大内水、领海或大陆架的组成部分，是为下述原因而根据本条规定进行特殊保护的海区：

①养护和保护渔业资源和非渔业资源（包括海洋哺乳动物及其生境）；

②养护和保护濒危或受威胁的海洋物种及其生境；

③养护和保护独特的生境；

④养护和保护生物多样性极其丰富或生物生产力极高的区域；

⑤养护和保护为履行部长的职责而必须保护的其他任何海洋资源或

生境。

（2）为第三十一条和第三十二条提及的综合管理规划目的，部长代表加拿大政府牵头开展和协调国家海洋保护区系统的建设与管理工作。

（3）规定

总督可根据部长提议制定与下列工作有关的规定：

①划设海洋保护区；

②规定相关措施，可包括下列措施，但不限于这些措施：海洋保护区的区划；确定禁止在海洋保护区进行的活动的类别；与划设海洋保护区有关的其他任何事项有关的措施。

第三十六条　紧急情况下的临时海洋保护区

（1）根据部长提议，总督可签署紧急情况下行使权力的法令，前提是部长认为海洋资源或生境处于（或有可能处于）危险之中，而且这种危险是已生效并经《议会法》批准或许可的土地权利协议所不允许的。

（2）《法定文件法》的豁免

根据本条颁布的法令，不受《法定文件法》第三条、第五条和第十一条的约束。

（3）暂时性效力

根据本条制定且未被废除的法令，在其颁布后 90 天停止生效。

第三十七条　违法与惩处

任何人如果在行使权力时违反根据第三十五条（3）②项制定的规定或根据第三十六条（1）款颁布的法令时，则：

（1）犯下了按简易程序定罪进行惩处的违法行为，应处以不超过 10 万加元的罚款；

（2）犯下了公诉罪，应处以不超过 50 万加元的罚款。

第三十八条　违反未公布的法令

在根据第三十五条（3）②项行使权力时，如果根据第三十六条（1）款制定的法令尚未在推定的违反法令的时间之前用两种正式文字在《加拿大公报》上公布，则不能判任何人违反了该法令。除非有证据证明，在那个时间之前采取了适当措施让那些可能受此法令影响的人知晓该法令。

第三十九条　执法官员

1.(1)部长可指定任何人(或一类人)作为本法和相关法令的执法官员。

(2)部长不得指定省政府雇佣的任何人(或一类人)作为上述执法官员，除非该省政府同意。

(3)委任书

每位执法官员执法时和进入根据本法规定的地点时，必须持有经部长批准的格式印制的执法证书。如果该地的值班人员要求其出示执法证书，执法官员应出示。

(4)执法官员的权力

为本法及其规章之目的，执法官员拥有治安官员享有的一切权力，但部长在委任任何人(或任何一类人)为执法官员时,可规定对此类权力的限制。

(5)执法活动的豁免

为了执行根据本法进行的侦查和其他执法活动，部长可按照他(或她)认为必要的条件，对于正根据本法履行职能的执法官员以及在这些执法官员领导与管理下采取行动的人员，免除他们根据本法或相关规定的任何条款应承担的责任。

(6)妨碍公务

当执法官员根据本法或规定履行职责时，任何人不得：故意以口头或书面形式，向执法官员作任何虚假(或误导)陈述；以其他方式故意妨碍执法官员执法。

2.检查

(1)为确保遵守本法及规章，如果执行官员有正当理由认为存在与本法或规章有关的问题，或有与本法或规章的实施有关的任何文件，该执法官员可在适当的时候进入该地，并进行检查，但须遵守下述(3)的规定，执法官员可：

①打开该执行官员有正当理由认为存在任何这类东西或文件的箱子(或容器)，或让这种箱子(或容器)被打开；

②检查该物件，并免费取样；

③要求任何人出示待检查的文件(或复制件)的全部或部分；

④扣押那些执法官员有正当理由认为违反了本法或规章的任何物品，或

执法官员有正当理由认为可以作为违法证据的任何物品。

（2）财产转移

为了进行检查，执法官员可停止（涉嫌违法）物品的转移，或命令将其送至检查地点。

（3）住所

除非得到住所主人同意或有搜查令授权，否则执法官员不得进入该住所。

（4）搜查令

如果是单方面申请，进入被搜查住所的申请方，应以誓言方式向《刑法法典》第二条所指的法官保证：

①符合本款上述（1）所述的进入该住所的条件；

②进入该住所是执行本法或规章所必需的；

③进入该住所的要求遭拒绝，或有正当理由认为进入该住所可能遭拒绝。

在这种情况下，法官可颁发搜查令，授权执法官员按照搜查令规定的条件，进入该住所。

3. 没有搜查令情况下的搜查与扣押

为了执行本法和规章，执法官员可在没有搜查令的情况下行使《刑法法典》第四八七条规定的搜查权和扣押权，但前提是，虽然具备取得搜查令的条件，但由于紧急情况而无法获得搜查令。

4. 被扣押物品的保管

（1）执法官员根据本法（或根据《刑法法典》颁发的搜查令）扣押某物时，应受本款（2）项和（3）项的制约：

①《刑法法典》第四八九条第1款和第四九〇条适用；

②执法官员（或由该官员指定的任何人）应根据按《刑法法典》第四九〇条颁发的命令保管好被扣押物品。

（2）所有权不确定的被扣押物品

在物品被扣押后的30天内，如果被扣押物品的合法所有权（或权利）无法确定，该物或处置该物所得的任何收益将被没收。

①如果该物是被加拿大公共管理部门雇用的执行官员扣押的，没收后交国家；

②如果该物是被省政府雇用的执法官员扣押的，没收后交省政府。

（3）易腐物品

若被扣押的是易腐物品，执法官员可予以处置或销毁，处置该物品后的所得必须：

①交给合法的物主，或交给拥有该物品权利的合法享有人，除非根据本法规定的诉讼程序在物品被扣押之后 90 天内开始生效；

②在诉讼程序有结果之前，由执法官员保存。

（4）放弃

被扣押物品的主人可将物品送交国家或省。

5. 由部长处置扣押物品

根据本法没收或放弃的任何物品，必须按照部长的指示予以处理或处置。

6. 支付费用的责任

根据本法扣押、放弃或没收的任何物品的合法主人和对其拥有合法所有权的任何人，须共同和分别承担相关费用。这些费用是指加拿大女王陛下政府为检查、扣押、放弃、没收或处置物品所支付的费用，其中应扣除根据本法处置被没收物品所得收益。

7. 违反法律或规定

（1）凡违反第三十九条“妨碍公务”款或第五十二条第 1 款的规定者：

①犯有根据简易判罪程序确定的违法行为，处以不超过 10 万加元罚款；

②犯有公诉罪，处以不超过 50 万加元罚款。

（2）后续违法行为

如果某人再次或后来又有违反本法的违法行为，尽管上述（1）项已做出规定，但后续违法行为的罚款数额要比（1）项规定的数额翻一番。

（3）继续犯罪

如犯罪时间超过一天，每天的违法行为应分开单独判罪。

（4）罚金的累积

涉及一个以上动物、植物或其他生物的一项违法行为，处以罚金时按个数分别计算，就像这一动物、植物或其他生物是单独控告书的主体一样，所处罚金是单独罚金的总和。

（5）追加罚款

当某人被判犯有违法行为，而且法院确信该人从该违法行为中得到了金钱利益时：

①法院可命令该人支付额外罚款，其数额相当于法院估计的犯罪人所获金钱利益的数额；

②追加罚款的数额，可高于根据本法用其他方法所处罚金的最大数额。

8. 罚没

（1）当某人被判定有罪时，判决法院除采取处罚措施外，还可令作为犯罪手段的被扣押物品，或与犯罪行为有关的被扣押物品，或因处置该物品而所获的任何收益，由加拿大女王陛下政府没收。

（2）没有命令就没收的物品的返还

如果判决法院没有命令就没收，必须将被扣押物品或处置该物品所获的任何收益返还给物品的合法主人（或合法拥有该物品的所有权的人）。

9. 扣留或拍卖

如果已对被判犯罪的人处以罚款，任何被扣押物品，或处置该物品所获任何收益，可保留到罚金支付之时，或将该物品全部或部分拍卖，以支付罚金和处置该物品的费用。

10. 法院的命令

当某人被判有罪时，法院除给予处罚外，还可根据犯罪性质和犯罪环境发出指令，禁止某些活动，或做出指示，或提出要求：

（1）禁止该人进行法院认为可能造成继续犯罪（或重复犯罪）的行动，或从事任何这类活动；

（2）命令该人采取法院认为适当的任何行动，以补救（或避免）由于其犯罪行为而造成（或可能造成）的对河口、沿海或海洋水域的损害；

（3）命令该人以法院认为适当的方式公布有关犯罪行为的事实；

（4）命令该人向部长或省政府支付部长或该政府（或代表他们）采取的旨在补救或预防其犯罪行为所造成的任何影响而支付的费用的全部（或其中一部分）；

（5）命令该人按照指令中规定的任何适当条件，从事社区服务；

（6）在判定某人犯罪后的 3 年内，如果部长向法院提出要求，可命令该人向部长提供有关其本人的活动信息（如果法院认为在当时情况下是适当的话）；

（7）要求该人遵循法院认为是适当的条件，以保证该人行为良好，并防止重复犯罪，或犯新罪；

（8）命令该人向法院邮寄保证金，或向法院支付法院认为合适的一定数额的经费，以确保该人遵守本条所述禁令、命令或要求。

11. 缓期判刑

（1）当某人被判有罪，而法院根据《刑法法典》规定暂缓判刑时，除了发布暂缓判刑的缓刑令外，法院还可发布指令，就第三十九条第 9 款提及的禁止、指示或要求作出规定。

（2）判决的实施

在法院命令颁布后 3 年内，而犯罪人不遵守该命令，或被判犯有另一罪行，如果宣判没有中止，法院可以根据刑事起诉申请，进行可以被进行的判决。

12. 时效期限

（1）根据简易判罪程序对犯罪行为提起诉讼，可以在将诉讼标的物向部长汇报之日后两年内（但不得晚于两年）的任何时间内开始。

（2）部长的证书

由部长颁发的，用以证明部长已知晓诉讼标的物的日期的文件，可作为诉讼的证据，而无须出示文件签署人的签字，或展示签字人已签发该文件的正式特征，并可作为文件所提出的事项的证据。

13. 程序

（1）除了《刑法法典》规定的与开始诉讼有关的程序外，法规所规定的有关违法行为的诉讼工作，可由担负下列工作的执法官员开始：

①填写包含有传唤书和控告书的传票；

②按照被告最近告知的地址，向被告递交传唤书，或通过邮寄递交；

③在传唤书交付前或交付后，尽快将控告书交有合法管辖权的法院备案。

（2）传票的内容

传票的传唤书和控告书必须：

①提供犯罪行为的详情和推断的犯罪行为发生的时间和地点；

②包含有由填写传单的执法官员签字的声明，说明该官员有合理的理由认为被告犯了罪；

③提出按法规规定对犯罪行为处以的罚金数额，以及支付罚金的方式和期限；

④包含有关声明，说明如果被告在传票规定的期限内交付了罚金，对被告的有罪判决将被记录在案；

⑤包含有关声明，说明如果被告希望表示不服罪，或因其他任何原因未能在传票中规定的期限内交付罚金，被告必须在传票中规定的日期和时间出庭。

（3）没收通知

当某一物品按照本法规定被扣押，而且与其有关的诉讼通过传票递送程序已经启动，这时，填写传票的执法官员应向被告发出书面通知：如果被告在法规规定的期限内支付罚金，该物品或处置该物品所获收益，将立即由国家没收。

（4）付款的含义

当被告人（传票的传唤书交付或邮寄对象）在传票规定的期限内交付了规定的罚金时，

①支付罚金表示：被告承认所犯罪行，被告被判有罪这一情况已记录在案，无须采取任何进一步措施来证明被告有罪；

②尽管第三十九条第3款有规定，根据本法扣押的属于被告的与犯罪行为有关的物品，或处置该物品所获收益，没收情况为：

（i）如果该物品由在加拿大公共管理部门供职的执法官员扣押，则由国家没收；

（ii）如果该物品由在省政府供职的执法官员扣押，则由省政府没收。

（5）规定

总督可制定规定，以明确下述内容：

①本节适用的犯罪行为，以及在传票中描述犯罪行为的方式；

②犯罪行为的罚金数额，但罚金不得超过2 000加元。

第三部分　部长的权力、责任和职责

总　　则

第四十条　部长的权力、责任和职责

（1）作为负责海洋事务的部长，其权力、责任和职能延伸至并包括议会拥有管辖权的涉海事务，但法律已经委派给加拿大其他部门、委员会或机构的与涉海政策和计划有关的事务除外。

（2）鼓励开展涉海活动

为上述（1）款所述目的，部长应鼓励开展旨在促进对海洋及其资源进行了解、管理和可持续发展所必须的活动，并鼓励提供海岸警卫与水道服务，以保证渔业与海洋部和加拿大政府其他部委的合作，进而促进海上贸易、商业和安全。

海岸警卫服务

第四十一条　海岸警卫服务

（1）作为负责海岸警卫服务的部长，其权力、责任与职能延伸至并包括议会拥有管辖权的下列事项，但法律已经委派给加拿大政府其他部门、委员会或机构的除外：

①为了促进船舶的安全、经济和有效的航行，提供下列服务：

——助航系统与服务；

——海上通信和交通管理服务；

——破冰和冰情管理服务；

——航道维护服务；

②联邦搜救工作中的海上搜救；

③游艇安全，包括对游艇的建造、检查、设备配置和运营情况的管理；

④海洋污染防治；

⑤为加拿大政府部门、委员会和机构提供船舶、飞机及其他海洋服务。

（2）成本效率

部长应保证以费用低廉的方式提供第四十一条（1）款所述各项服务。

海洋科学

第四十二条 职责

在行使《渔业与海洋部法》第四条（1）③项所赋予的权力、责任与职能时，部长可：

（1）收集了解海洋及其生物资源与生态系统所需资料。

（2）在加拿大和其他水域开展水道和海洋学调查。

（3）进行与渔业资源及其支撑性生境和生态系统有关的海洋科学调查。

（4）开展与水道学、海洋学和其他海洋科学有关的基础研究和应用研究，包括对鱼类及其支撑性生境和生态系统的研究。

（5）开展旨在了解海洋及其生物资源与生态系统的调查。

（6）编制和出版资料、报告、统计报表、海图、地图、规划、剖面图和其他文件。

（7）授权发行或出售资料、报告、统计报表、海图、地图、规划、剖面图及其他文件。

（8）与外交部一道，编制、出版和授权发行及销售海图。这些海图的性质和比例尺互不相同，分别用于划设加拿大领海、毗连区、专属经济区和渔区以及毗邻水域的部分或全部。

（9）参与海洋技术开发。

（10）为了了解海洋及其生物资源和生态系统，开展相关研究，以获取传统的生态知识。

第四十三条 海洋科学方面的权力

根据《渔业与海洋部法》第四条提到的，与部长在议会拥有管辖权的事项方面享有的权力、责任和职能的规定，部长应：

（1）负责协调、促进和推荐有关渔业科学、水道学、海洋学和其他海洋科学的国家政策与计划；

（2）在履行本条规定的职能时，可以：

①为了了解海洋及其生物资源与生态系统，组织开展（或与他人合作开展）应用研究与基础研究、调查和经济研究；

②为此目的而维护和管理船舶、研究机构、实验室和其他研究设施，并为了了解海洋及其生物资源和生态系统而进行调查与监测；

（3）可向加拿大政府，并代表政府向各省政府及另一国、国际组织和其他人提供海洋科学咨询、服务与支持。

第四十四条 外国船只进行的海洋科学研究

部长可：

（1）要求外交部长在其根据《沿海贸易法》第三条第2款（3）项批准的许可证上，提出下列条件：外国船只或免税船应向部长提供该船在加拿大海域（或根据国际法规定加拿大享有主权权利的海域）进行的海洋科研的研究成果；

（2）制定与加拿大肩负的国际义务相一致的，供外国船只或免税船在加拿大管辖海域，或在加拿大根据国际法享有主权权利的海域进行海洋科研时使用的指南。

第四十五条 部长的权力

鉴于部长负责水道测量业务，部长的权力、责任和职能延伸至并包括议会拥有管辖权的一切事项，但法律已委派给加拿大政府其他部门或机构的事项除外。部长有权管辖的事项包括：

（1）制定供水文学家和其他人在代表部长收集资料和编制海图时使用的标准和指南；

（2）向加拿大政府，并代表加拿大政府向各省政府及另一国、国际组织和其他人提供咨询、服务与支援。

第四十六条 进入土地的权利

水文学家可以为代表部长进行水道测量之目的而进入或通过任何人的土地，但应采取一切适当的预防措施，以避免因此而造成任何损害。

费　用

第四十七条　服务费或设备使用费

（1）部长可确定由部长、渔业与海洋部以及部长有权管理的加拿大政府的任何委员会或机构根据本法提供的服务的收费标准或设备使用收费标准，但须受财政委员会为本条的目的而制定的任何规定的制约。

（2）收费不高于成本

根据上述（1）款确定的服务费或设备使用费，不应高过女王陛下政府提供该服务或设备使用的成本费。

第四十八条　产品、权利与特惠的费用

部长可确定部长、渔业与海洋部或部长负责的加拿大政府的任何委员会或机构提供的产品、权利与特惠的费用收费标准，但须遵守财政委员会根据本法为本条的目的而制定的任何规章。

第四十九条　制定规章的手续费等

（1）部长可确定部长、渔业与海洋部或部长负责的加拿大政府的任何委员会和机构制定规章的费用或审批手续费，但须遵守财政委员会根据本法为本条的目的而制定的任何规章。

（2）费用数额

根据上述（1）款确定的费用，总计不应超过足以弥补女王陛下政府为制定规章所支出的费用或审批所支出的费用的数额。

第五十条　协商

（1）在根据本法确定收费标准之前，部长应与其认为对该事项有兴趣的人员或机构进行协商。

（2）公布

部长应在根据本法确定收费标准之后30天内，在《加拿大公报》上，或用财政委员会根据规定批准的适当的电子手段或其他手段，公布该收费标准。

（3）向审查委员会呈报

根据本法确定的任何收费标准，应被视为法定文件，呈报给《法定文件法》第十九条规定的委员会审查。

第五十一条 制定规定的权力

财政委员会可以为第四十七条、第四十八条、第四十九条或第五十条之目的制定规定。

第五十二条 审议

1. 对于本法的实施情况，应在本条生效后的 3 年内，由渔业与海洋常设委员会组织审议。

2. 向议会报告

该委员会应对本法的规定和实施情况进行全面审议（包括审议执行效果），并应在这一审议完成后的一年内，或在众议院同意的更长时间内，就此审议工作向议院提交一份报告，包括委员会对本法的修改建议，或对本法的管理进行修改的建议。

加拿大总督可根据部长的建议，制定旨在落实本法的宗旨与条款的规定，特别是在不限制上述内容的普通性的情况下，可以制定涉及下列内容的规定：

（1）海洋环境质量要求与标准；

（2）部长指定的执法官员的权力与责任；

（3）根据本法签订的协议条款的实施。

有条件的修订

第五十三条（修订）

废　　除

第五十四条和第五十五条（废除）

有关的修订

第五十六条至第一〇八条

生　　效

第一〇九条

本法或本法中的任何条款，除第五十三条外，自总督命令确定之日或几日起生效。

（注：本法除第五十三条外，自 1997 年 1 月 31 日起生效。）

智 利
Chile

（英文文本截止于 2010 年 12 月 14 日）

1977 年第 416 号法令

智利的直线基线体系包括位于以下的 75 个点：

点编号	地形名称	南 纬	西 经
1	普加角（Punta Puga）	41°28.6′	73°52.0′
2	瓜邦角（Punta Guabun）	41°48.7′	74°04.5′
3	科尔科瓦杜岛（Islote Corcovado）	42°16.3′	74°12.7′
4	基兰岬（Cabo Quilan）	43°16.5′	74°26.8′
5	萨林蒂斯礁 韦瑟角（Rocas Salientes Pta. Weather）[瓜佛岛（I.Guafo）]	43°33.4′	74°50.5′
6	瓜佛岛的西部群岛（Islotes al Occ. de Isla Guafo）	43°37.3′	74°52.2′
7	洛特岬（Cabo Lort）[伊普恩岛（Isla Ipun）]	44°33.1′	74°48.0′
8	北角（Punta Norte）[关布林岛（I.Guamblin）]	44°46.6′	75°09.8′

续 表

点编号	地形名称	南 纬	西 经
9	瑟尔角（Punta Searle）（关布林岛）	44°49.0′	75°12.3′
10	鲍里斯角（Punta Bories）（关布林岛）	44°55.3′	75°09.8′
11	曼楚阿姆岛的西部岛屿（Islote Occ. de I. Menchuam）	45°37.7′	74°56.8′
12	里斯岛（Isla Rees）	46°36.8′	75°35.5′
13	米福德岬（Cabo Mifford）	46°39.7′	75°36.5′
14	里斯角的小岛（Islote de Punta Rees）	46°45.1′	75°37.7′
15	雷珀岬的小岛（Islote de Cabo Raper）	46°49.0′	75°37.7′
16	埃琳娜岬的小岛（Islote de Cabo Elena）	46°54.1′	75°33.9′
17	海豹湾的西角（Punta Occidental de Bahía Seal）	46°58.2′	75°28.2′
18	特雷斯蒙蒂斯角（Cabo Tres Montes）	46°59.0′	75°25.4′
19	梅多拉岛的西部岛屿（Islote al Occ. de Isla Medora）	47°43.0′	75°24.7′
20	敦提礁（Roca Dundee）	48°06.4′	75°42.0′
21	韦斯顿岛（Isla Western）	49°06.0′	75°44.7′
22	沃普斯顿礁群（Grupo Vorposten）	49°22.3′	75°41.4′
23	离岸岛（Islote Offshore）	49°27.8′	75°40.4′
24	鲁格群岛（Islotes Rugga）	50°06.0′	75°30.5′
25	罗达多岛（Islote Rodado）	50°21.7′	75°31.5′
26	雷东杜岛（Islote Redondo）[西崖角（Cabo West Cliff）]	50°40.0′	75°31.2′
27	斯科特礁群（Rocas Scout）	50°50.5′	75°28.8′
28	柯尼卡岛（Isla Conica）	51°10.7′	75°15.5′
29	圣卢西亚礁（Roca Santa Lucia）	51°37.0′	75°21.0′
30	加利西亚礁（Roca Galicia）	52°03.4′	75°09.0′
31	埃文格里斯塔斯群岛（Islotes Evangelistas）	52°23.6′	75°05.6′

续 表

点编号	地形名称	南 纬	西 经
32	帕克角岛（Islote Cabo Parker）	52°42.8′	74°11.2′
33	佛盖特岛（Isla Falgate）	52°55.3′	73°49.9′
34	普罗维登西亚岬（Cabo Providencia）	53°00.5′	73°34.8′
35	哈万纳角（Pta. Havannah）	53°09.8′	73°18.8′
36	圣赫罗尼莫角（Pta. San Jeronimo）	53°32.0′	72°23.3′
37	阿劳兹角（Pta. Arauz）	53°32.2′	72°21.4′
38	席格斯角（Pta. Zegers）	52°55.1′	70°17.7′
39	保罗角（Pta. Paulo）	52°58.3′	70°19.3′
40	蒙默斯岬（Cabo Monmouth）	53°22.0′	70°26.6′
41	瓦伦丁岬（Cabo Valentín）	53°34.5′	70°32.2′
42	北洛马斯湾角（Pta. norte Bahía Lomas）	53°46.8′	70°42.3′
43	南洛马斯湾角（Pta. sur Bahía Lomas）	53°49.7′	70°46.4′
44	日格扎格角（Pta. Zig-Zag）	54°03.7′	70°52.8′
45	多斯赫马诺斯岛（Islote Dos Hermanos）	53°58.2′	71°24.0′
46	西奥岛（Islote Theo）	53°50.8′	71°53.0′
47	埃奇沃思岬（Cabo Edgeworth）	53°47.7′	72°08.6′
48	北乌罗阿半岛末端（Extremo norte Península Ulloa）	53°31.6′	72°39.8′
49	卡斯珀角（Pta. Casper）	53°18.8′	73°10.6′
50	普里查德岛（Isla Pritchard）	53°14.4′	73°18.8′
51	蒙迪岬（Cabo Monday）	53°10.6′	73°23.9′
52	森提尼拉岛（Isla Centinela）	53°05.3′	73°35.2′
53	费利克斯角东北的岛屿（Islote noreste Pta. Felix）	52°56.5′	74°07.1′
54	皮拉尔岬（Cabo Pilar）	52°43.6′	74°40.3′

续 表

点编号	地形名称	南　纬	西　经
55	德塞阿多岬（Cabo Deseado）	52°44.7′	74°43.0′
56	88 礁（Roca 88）	52°50.1′	74°44.0′
57	英曼岬（Cabo Inman）	53°18.5′	74°19.2′
58	格洛斯特岬（Cabo Gloucester）[卡洛斯岛（Isla Carlos）]	54°04.0′	73°28.0′
59	陶尔岛（Isla Tower）	54°37.8′	73°05.0′
60	英吉利角（Punta English）	54°43.5′	72°04.2′
61	菲利普斯礁群（Rocas Phillips）	55°11.5′	70°58.6′
62	西雅岛（Isla Sea）	55°13.7′	70°32.8′
63	卡夫雷史坦特礁群（Rocas Cabrestante）	55°21.6′	70°10.7′
64	霍普岛（Isla Hope）	55°29.0′	69°39.5′
65	伊尔德丰索群岛（Islas Ildefonso）	55°44.7′	69°25.0′
66	奥尔诺斯的福尔索岬（Falso Cabo de Hornos）	55°43.5′	68°03.7′
67	赫米特岛 S. W. 角（Isla Hermite Punta S. W.）	55°51.8′	67°51.0′
68	斯潘塞岬（Cabo Spencer）[赫尔米特岛（Isla Hermite）]	55°54.7′	67°37.5′
69	奥尔诺斯岬（Cabo de Hornos）	55°58.8′	67°16.0′
70	德塞特礁群（Rocas Deceit）	55°56.5′	67°00.5′
71	巴纳费尔特群岛（Islas Barnevelt）	55°49.5′	66°48.2′
72	埃沃特群岛（Islas Evout）	55°33.9′	66°46.5′
73	奥连塔尔角（Punta Oriental）[努埃瓦岛（Isla Nueva）]	55°13.0′	66°25.4′
74	奇科岛（Islote Chico）[努埃瓦岛（Isla Nueva）]	55°11.4′	66°25.7′
75	二十角（Point XX），1977 年仲裁裁决的东部界限	55°07.3′	66°25.0′

外交部部长关于复活节岛（Easter Island）和萨拉戈麦斯岛（Salay Gomez Island）水下主权的范围的声明
（1985 年 9 月 14 日）

鉴于：

1.1947 年智利总统加夫列尔·冈萨雷斯·魏地拉（Gabriel González Videla）在其关于海洋管辖权的官方声明中，代表政府确认并宣告了对邻接国家陆地领土和岛屿沿岸的全部大陆架的国家主权，不论其深度如何，特此主张对存在于该大陆架之上、之中或之下的，已被知晓或尚未发现的所有自然资源享有所有权。

2.1952 年 8 月 18 日，在关于南太平洋海洋财富的保护与开发的第一次会议上，智利、厄瓜多尔和秘鲁政府共同发表了关于海洋区域的宣言。该宣言第三款第 3 项称：对指定海域（至 200 海里距离）的专属管辖权和主权也包括对其海床或底土的排他性管辖权和主权。

3. 我国是 1982 年《海洋法公约》的签署国。该公约第七十七条第 1 款规定，沿海国为勘探和开发其自然资源的目的，对大陆架行使主权权利。

4. 上述公约第七十六条第 6 款指出，虽然第 5 款有规定，在海底洋脊，大陆架的外部界限不应超过从测算领海宽度的基线量起 350 海里。

5. 根据上述公约的第一百二十一条的措辞，岛屿的领海、毗连区、专属经济区和大陆架应根据适用于其他领土的本公约规定确定。

在此宣布：

1. 作为位于太平洋的复活节岛和萨拉戈麦斯岛的主权者，智利政府向国际社会宣布，其对这些岛屿大陆架的主权及于从测量各岛屿的领海基线量起 350 海里的距离。

2. 智利政府保留其在适当时发表任何宣言，宣布其认为与智利对所拥有的其他部分海洋的主权。

修正有关海洋区域的《民法典》的第 18.565 号法案
（1986 年 10 月 13 日）

第一条

《民法典》修正如下：

1. 第五百九十三条由以下规定取代：

“第五百九十三条　从各基线量起 12 海里的邻接海域构成领海和国家财产。但是，为预防和惩罚对海关、税收、移民、财政和卫生的法律和规章的违反有关的目的，国家对作为毗连区的海域有管辖权。该海域应从各基线量起延伸至 24 海里的距离。

位于领海基线内的水域构成国家内水。”

2. 插入第五百九十六条如下：

“第五百九十六条　从测量领海宽度的基线量起至 200 海里并在领海之外的邻接海域应作为专属经济区。在专属经济区内，国家有以勘探和开发、养护和管理海床上覆水域和海床及其底土的自然资源（不论为生物或非生物资源）为目的的主权权利，以及关于在该区内从事经济性开发和勘探等其他活动的主权权利。

为保护、勘探和开发其自然资源的目的，国家对大陆架享有排他性的主权权利。

而且，国家对专属经济区和大陆架应享有国际法规定的所有其他管辖权和权利。”

3. 第六百一十一条由以下规定取代：

“第六百一十一条　海上捕捞和捕鱼应受本法典规定的调整，并为此而首先受有效的特别立法的调整。”

第二条

《民法典》第五百九十三条和第五百九十六条提及的海洋边界不影响已有的海洋边界。

哥伦比亚
Colombia

（英文文本截止于2009年1月16日）

确立领海、专属经济区和大陆架的有关规则及其他事项的调整
（1978年8月4日第10号法案）

第一条

哥伦比亚对其领海行使完全的主权。其领海自大陆和岛屿领土及内水延伸12海里，或22.224千米。

国家主权亦应及于领海上空及其海床和底土。

第二条

所有国家的船舶根据国际法规则享有无害通过领海的权利。

第三条

领海的外部界限应以其各点距离下一条所述基线的最近点12海里的一条线划定。

第四条

测算领海宽度的正常基线为沿岸的低潮线。在海岸线极为曲折处，或邻接海岸有一系列岛屿处，应自连接各适当点的直线基线测算。基线向陆

一侧的水域应视为内水。

第五条

如果海湾天然入口处两端之间的距离不足 24 海里，领海应自连接其天然入口的界线测算。该线所包围的水域应被视为内水。

如果海湾的宽度超过 24 海里，24 海里的直线基线应划在海湾内，并使该基线能包括最大水域。

第六条

如果河流直接流入海洋，基线应是一条在两岸低潮线上两点之间横越河口的直线。

第七条

专属经济区应邻接领海建立；该区域应延伸至其外部界限为距离测算领海宽度的基线 200 海里的线。

第八条

在根据前一条建立的专属经济区内，哥伦比亚应行使为勘探、开发、养护和管理海床、底土及其上覆水域的生物和非生物资源的主权权利；哥伦比亚亦应对科学研究和海洋环境保护享有专属管辖权。

第九条

政府应根据本法，对其大陆领土、圣德安烈斯—普罗维登西亚群岛（San Andresy Providencia）及其他岛屿领土，确定以上所述各界线；上述各界线应根据有关国际规则在官方海图上予以公布。

第十条

为勘探和开发其自然资源的目的，国家主权应及于大陆架。

第十一条

中央政府有权自本法颁布之日起 12 个月内采取措施，重组国家管理机构及部门，或设立其认为必要的新机构及部门，以确保哥伦比亚海域的治安与防务，并合理利用该区域的生物和非生物自然资源，以满足哥伦比亚人民和国家经济发展的需要。

中央政府有权发放其认为适当的贷款，制定其认为适当的预算及拨款。

第十二条

凡与本法条款抵触的规定予以废除。

第十三条

本法自颁布之日起生效。

1978 年 7 月 25 日在波哥大颁布。

1984 年 6 月 13 日第 1436 号法令（1）：1978 年第 10 号法律第 9 条的部分规章

哥伦比亚共和国的总统

行使哥伦比亚宪法，特别是宪法第一百二十条第三段授予的权力，以及

鉴于

有必要设立测量国家领海和专属经济区宽度的基线；

哥伦比亚在太平洋和加勒比海的海岸曲折，有明显的水曲，边缘多岛屿，使其有可能适用 1978 年第 10 号法律第 4 条规定的直线基线方法。

政府决定，依据国际法及 1978 年第 10 号法律第 9 条规定部分直线基线。

颁布

第一条

领海宽度从 1978 年第 10 号法律第 4 条规定的正常基线及下列直线基线量起。地理起讫点取自“美国国防部测绘局水文地质中心”（United States Defense Mapping Agency Hydrographic and Topographic Center）的第 21033 号海图，比例尺为 1∶1 000 000；以及第 24036 号海图，比例尺为 1∶956 170。它们分别标出了哥伦比亚的太平洋和加勒比海海岸。

…………

太平洋海岸

从			至		
点	北 纬	东 经	点	北 纬	东 经
1	07°12′39.3″	77°53′20.9″	2	06°47′07″	77°41′30″
（哥伦比亚 – 巴拿马边界线）			（Rocas Octavia）		
2	06°47′07″	77°41′30″	3	06°11′35″	77°29′37″
（Rocas Octavia）					
3	06°11′35″	77°29′37″	4	05°29′15″	77°32′53″
（Cabo Corrientes）					
4	05°29′15″	77°32′53″	5	04°12′30″	77°31′45″
（Cabo Corrientes）			（Isla Cacahual-SW）		
5	04°12′30″	77°31′45″	6	03°00′23″	78°10′00″
（Isla Cacahual-SW）			（Punta Coll-Gorgona）		
7	02°56′23″	78°13′17″	8	02°35′33″	78°26′04″
（Isla Gorgonilla）					
9	02°11′00″	78°41′07″	10	01°37′18″	79°02′36″
（Bahía San Ignacio-Delta R. Patía）			（Cabo Manglares）		

大西洋海岸

从			至		
点	北 纬	东 经	点	北 纬	东 经
1	11°51′07.41″	71°19′23″	2	12°00′25″	71°08′20″
（Castilletes）					
3	12°26′10″	71°43′45″	4	12°14′50″	72°08′00″
（Pilón de Azúcar）					
5	12°13′08″	72°10′50″	6	11°20′18″	74°12′47″
（Isla Farallón）			（Cabo de la Aguja）		
6	11°20′18″	74°12′47″	7	11°06′53″	74°50′38″
（Cabo de la Aguja）			（Tajamar Bocas de Ceniza）		
8	11°06′50″	74°51′05″	9	10°48′12″	75°15′42″
（Tajamar Bocas de Ceniza）			（Punta de la Garita）		
9	10°48′12″	75°15′42″	10	10°44′45″	75°21′10″

续 表

从			至		
点	北 纬	东 经	点	北 纬	东 经
（Punta de la Garita）			（Isla Arena）		
10	10°44′45″	75°21′10″	11	10°34′35″	75°30′28″
（Isla Arena）			（Punta Canoas-North）		
12	10°33′30″	75°30′52″	13	10°10′10″	75°48′10″
（Punta Canoas-South）			（Islas del Roasario-Roca Occidental）		
13	10°10′10″	75°48′10″	14	09°23′42″	76°11′23″
（Islas del Roasario-Roca Occidental）			（Isla Fuerte）		
14	09°23′42″	76°11′23″	15	08°41′07.3″	77°21′50″
（Isla Fuerte）			（Cabo Tiburón）		

第二条

前条规定的直线基线所包围的水域应被视为内水，因此国家依照被接受的国际法规则可对其行使绝对的主权。

第三条

本法令自颁布之时起生效。

公布及执行。

1984 年 6 月 13 日颁布于波哥大。

哥斯达黎加
Costa Rica

（英文文本截止于 2009 年 5 月 22 日）

1972 年 2 月 10 日第 2203 号法令

…………

第三条

本宣言不妨碍所有国家的船舶根据国际法享有的无害通过权。

…………

修正《宪法》第六条的第 5677 号法令
（1975 年 6 月 5 日）

哥斯达黎加共和国立法大会

颁布：

《宪法》第六条修正如下：

第六条　根据国际法的原则，国家对其领土上空、从沿岸低潮线量起

12 海里的领海、大陆架和岛屿的海底行使完全的和排他的主权。

此外，根据前述原则，国家对邻接其领土，并从前述的线量起 200 海里的海域行使特殊的管辖权，以便保护、养护和排他地利用该海域水体、海床和底土中的所有自然资源。

1988 年 10 月 14 日第 18581-RE 号法令
（关于太平洋海域的直线基线）

共和国第一副总统和代总统及外交关系和礼宾事务部部长

鉴于

1. 根据国际法的原则，《宪法》第六条规定了哥斯达黎加对从其沿岸低潮线量起 12 海里的领水的完全和排他的主权。

2. 有效的国际法原则和标准承认沿海国从正常低潮线或连接海岸最突出各点的直线基线确定其领海宽度的权利。

3. 由于存在岛屿和历史上对国家有重大经济意义的海湾，我们在太平洋的海岸呈现出特殊的轮廓。

4. 由于海洋法新原则的适用，我们在太平洋的海岸所呈现的特殊轮廓使划定直线基线成为可能，直线基线连接海岸最突出各点，从而形成在长期使用中清楚呈现的现实与经济意义的区域。该区域大体上与我们在太平洋海岸大陆架的上覆水域重合，即 200 米等深线的范围。

5. 外交关系和礼宾事务部已向立法大会提交《联合国海洋法公约》，以便其审议和随后批准。该公约于 1982 年 12 月 19 日由代表世界所有法律与政治体制的大多数国家通过，并在蒙特哥湾签署。

6. 公约中提到国家海域管辖权的规定，包括划定直线基线的制度反映了当代的国际实践，并被视为源自普遍的习惯国际法。

7. 根据国际法，沿海国可以确定测量其领海宽度的基线，根据情况混合使用正常基线和直线基线。

颁布以下法律：

第一条

在太平洋，共和国的领海宽度应从以下基线量起：

1. 根据正常基线方法：从名为梅德罗(Medero)的圣弗朗西斯科角(Punta San Francisco Point)（北纬 10°17′36″，西经 85°51′19″）到吉欧尼斯角（Punta Guiones）（北纬 9°54′18″，西经 85°40′15″），并且从露娜角（Punta Llorona）（北纬 8°35′03″，西经 83°43′25″）到萨尔希普埃德斯角（Punta Salsipuedes）（北纬 8°26′32″，西经 83°34′13″）。

2. 根据直线基线方法：从与“克利夫兰裁决”确定的萨利纳斯海湾（Salinas Bay）湾口的封口线最南端重合的点，到笛卡尔角（Punta Descartes）（北纬 11°01′25″，西经 85°45′25″），到布兰科角（Punta Blanca）（北纬 10°57′02″，西经 85°53′16″）；从布兰科角到圣埃伦娜角(Punta Santa Elena)(北纬 10°53′29″，西经 85°57′11″）；从圣埃伦娜到蝙蝠群岛（Murcielago Islands Group）的最西边的礁石（北纬 10°51′16″，西经 85°58′50″）；从蝙蝠群岛的最西边的礁石到维拉什角（Cabo Velas）或埃尔莫索角（Morro Hermoso）（北纬 10°21′25″，西经 85°52′39″）；从维拉什角或埃尔莫索角到圣弗朗西斯科角(Punta San Francisco)(北纬 10°17′36″，西经 85°51′19″）；从吉欧尼斯角(北纬 9°54′18″，西经 85°40′15″)到布兰科角岛(Cabo Blanco Island)的西南端(北纬 9°32′20″，西经 85°06′54″）；从布兰科角岛的西南端到卡努岛（Isla Del Cano）的西南端（北纬 8°42′24″，西经 83°53′30″）；从卡努岛的西南端到位于奥萨半岛（Osa Peninsula）的露娜角（北纬 8°35′03″，西经 83°43′25″）；从萨尔希普埃德斯角（北纬 8°26′32″，西经 83°34′13″）到布里卡角（Punta Burica）与巴拿马国际边界线的最南端。

第二条

根据与“奥克特佩克（Ocotepeque）”测地基准一致的地理坐标，国家地理研究所将采取适当的比例尺划出这些线，将这些点在地图上清晰标示。国家将公布这些地图。

第三条

位于这些直线基线内侧的水域构成共和国内水的组成部分。但是，考虑到地处太平洋海岸的几个重要港口位于这些水域，根据国际法的原则和规则，所有国家船舶可行使无害通过权。

第四条

以上所述的正常基线和直线基线的方位标示在比例尺为 1∶500 000 的地图上，该地图由哥斯达黎加地理研究院绘制。经外交关系与礼宾事务部适当证明，该地图构成本法令的组成部分。

第五条

本法令于 1988 年 11 月 15 日生效。

Jorge Manuel Dengo

共和国第一副总统和代总统

Carlos Rivera Bianchini

外交关系与礼宾事务部部长，A.I.

1988 年 10 月 14 日颁布

古　巴
Cuba

（英文文本截止于 2010 年 9 月 15 日）

第 1 号法令：关于古巴共和国领海宽度的法律
（1977 年 2 月 24 日）

第一条

古巴共和国的领海宽度从本法令确定的基线量起 12 海里，其外部界限为从各点与基线上最近点距离 12 海里的线。

第二条

测量古巴共和国的领海宽度的基线为：连接海岸及其周围岛屿、小岛、海湾和干礁的最外缘各点的直线基线，并依下列地理坐标划定：

…………

第四条

古巴社会主义共和国对其全部国家领土行使主权，包括：古巴岛屿、松树岛（Isle of Pine）、其他邻接岛屿和礁石、内水、领海及其上空和陆地底土，亦及于内水和领海的海床和底土；古巴对上述区域内所有的自然资源，不论是生物或非生物资源享有主权。

第五条

古巴共和国在不违反上述条款的情况下，依照国际法的原则，应尊重用于国际航行的海峡或水道的航行自由和飞越自由。

第六条

《古巴社会防务法典》第七条第 4 段做如下修改：

“4. 为本法典的目的，环绕共和国的海洋为 12 海里的距离，自海岸、岛屿、小岛、礁石、干礁最外缘各点连接的直线基线量起，其地理坐标由法律确定，应视为领土。”

第 2 号法令：关于设立经济区的立法法律
（1977 年 2 月 24 日）

第一条

古巴共和国的经济区在邻接领海的区域建立，从测算领海宽度的基线量起向外延伸至 200 海里。该经济区的外部界限将在地理坐标的基础上予以确定。

古巴将尊重邻国各自经济区的平等权利，并宣布随时准备就因适用上述原则而可能产生的法律冲突进行双边谈判。

第二条

共和国得在依本法建立的经济区内行使下列权利：

1. 以勘探开发、养护和管理海床，包括其底土及上覆水域的自然资源，不论是生物或非生物资源为目的的主权权利。

2. 建造和使用人工岛屿、设施和结构的专属权利和管辖权。

3. 该区域内以经济性勘探和开发为目的的其他活动，包括对海洋利用以及其他有益于科学技术进步活动的专属管辖权。

4. 与下列事项有关的管辖权：

（1）海洋环境的保全，包括对污染的控制和消除；

（2）科学研究。

第三条

外国在经济区内享有航行与飞越的自由、铺设海底电缆和管道的自由，以及与航行和通信有关的海洋其他国际合法用途。

第四条

为了促进经济区内的生物资源最合理的利用，古巴共和国将通过缔结适当的协议，允许外国依照有效安排、条件和规章捕捞有关鱼种可捕量的剩余部分。

第五条

本法令一经共和国政府公布立即生效，任何与其条款相抵触的法律和规章应予废除。

关于领海宽度基线的证明
（1985 年 11 月 6 日）

兹证明：测量古巴共和国领海宽度的基线，由连接海岸、岛屿、小岛、礁石和周围干礁最外缘各点的直线构成，并根据本证明的附件所列的 124 个地理坐标点确定。

同时证明，地理坐标点已在前一款中获证明的基线在以下 3 幅比例尺为 1∶500 000 的海图上标示，这些地图也是本证明的附件：

——覆盖古巴西部的 1101 号海图，由古巴水文研究所公布，1976 年版，1980 年印刷，校正值为 1.8.85。

——覆盖古巴中部的 1102 号海图，由古巴水文研究所公布，1976 年版，1980 年印刷，校正值为 1.8.85。

——覆盖古巴东部的 1103 号海图，由古巴水文研究所公布，1976 年版，1979 年印刷，校正值为 1.8.85。

本证明及 4 个附件于 1985 年 11 月 6 日在哈瓦那城公布，并为公布的目的交存于联合国秘书长处。

点编号	北　纬	西　经	点的地理名称
1	21°52.0′	84°57.2′	Cabo San Antonio
2	21°53.3′	84°56.6′	
3	21°54.9′	84°55.7′	
4	21°55.1′	84°55.3′	Punta Cajón
5	22°09.6′	84°45.0′	Banco de Sancho Pardo
6	22°14.4′	84°43.6′	Francisco Padre
7	22°18.3′	84°40.1′	La Tabla
8	22°22.4′	84°35.6′	Pasa Zorrita
9	22°25.7′	84°31.8′	El Pinto
10	22°28.5′	84°28.5′	Quebrado de Buenavista
11	22°32.2′	84°20.9′	Cabezo Seco
12	22°34.7′	84°15.3′	Punta Tabaco
13	22°38.3′	84°11.6′	Roncadora
14	22°40.3′	84°08.5′	
15	22°42.9′	84°01.3′	Cayo Jutías
16	22°54.1′	83°36.7′	
17	22°59.7′	83°13.0′	Punta Gobernadora
18	23°08.8′	82°23.6′	Punta Brava
19	23°09.1′	82°21.4′	Castillo del Morro, Havana
20	23°09.4′	82°20.9′	
21	23°09.9′	82°19.5′	
22	23°10.2′	82°18.2′	Punta Campanilla
23	23°10.6′	82°16.2′	Punta Guayacanes
24	23°10.7′	82°14.8′	Punta El Judio
25	23°10.8′	82°13.8′	
26	23°11.2′	82°01.6′	
27	23°11.0′	82°00.0′	Punta Tijeras
28	23°16.0′	81°05.3′	Cayo Mono
29	23°16.9′	80°53.9′	Faro Cruz del Padre
30	23°13.6′	80°19.6′	
31	22°56.7′	79°45.4′	Cayo La Vela
32	22°41.4′	78°53.3′	Cayo Caimán Grande
33	22°37.6′	78°38.8′	Cayo Guillermito
34	22°33.0′	78°22.8′	
35	22°29.0′	78°10.0′	Cayo Paredón Grande

续 表

点编号	北 纬	西 经	点的地理名称
36	22°21.1′	77°51.7′	Bajo tributario de Minerva
37	22°11.5′	77°39.8′	Cayo Confites
38	21°39.7′	77°08.5′	Punta Maternillos
39	21°16.1′	76°21.4′	
40	21°07.6′	75°43.0′	
41	21°06.9′	75°41.7′	
42	21°04.3′	75°37.2′	Punta Lucrecia
43	20°41.6′	74°54.4′	Cayo Moa
44	20°37.0′	74°43.9′	Punta Guarico
45	20°19.1′	74°13.8′	Punta Fraile
46	20°18.1′	74°11.8′	Punta Azules
47	20°15.5′	74°09.0′	Quebrado del Mangle
48	20°15.2′	74°08.7′	
49	20°14.8′	74°08.6′	Punta de Maisí
50	20°13.6′	74°08.1′	
51	20°13.1′	74°08.0′	
52	20°12.7′	74°07.9′	Punta Quemado
53	20°11.7′	74°08.1′	
54	20°10.9′	74°08.5′	
55	20°04.8′	74°14.7′	
56	20°04.4′	74°15.4′	
57	20°04.1′	74°16.2′	
58	20°04.0′	74°17.8′	Punta Caleta
59	19°55.2′	74°59.0′	
60	19°54.4′	75°01.3′	
61	19°53.9′	75°04.9′	
62	19°53.4′	75°09.4′	
63	19°52.8′	75°18.3′	
64	19°52.6′	75°21.5′	
65	19°52.9′	75°29.6′	
66	19°53.0′	75°32.3′	
67	19°53.4′	75°35.2′	
68	19°53.7′	75°36.4′	
69	19°57.9′	75°51.8′	Santiago de Cuba

续 表

点编号	北 纬	西 经	点的地理名称
70	19°57.3′	75°57.9′	Punta Cabrera
71	19°57.3′	76°00.4′	
72	19°57.7′	76°04.3′	
73	19°57.9′	76°05.9′	
74	19°58.9′	76°11.1′	
75	19°58.0′	76°19.2′	
76	19°57.3′	76°21.3′	Punta Tabacal
77	19°56.9′	76°31.2′	Punta Bayamita
78	19°56.7′	76°34.8′	
79	19°56.6′	76°42.6′	
80	19°56.0′	76°47.2′	Punta Turquino
81	19°53.3′	76°58.7′	
82	19°53.2′	76°59.4′	
83	19°53.1′	77°00.6′	
84	19°53.2′	77°04.4′	
85	19°53.6′	77°07.8′	
86	19°51.2′	77°21.0′	
87	19°50.8′	77°23.8′	
88	19°50.8′	77°25.2′	Punta Monje
89	19°50.7′	77°30.2′	Punta Escalereta
90	19°50.7′	77°32.2′	Punta Pesquero de la Alegría
91	19°49.6′	77°40.6′	
92	19°50.1′	77°44.9′	Cabo Cruz
93	20°31.0′	78°19.8′	Punta Cabeza del Este
94	20°32.2′	78°23.0′	Punta Macao
95	20°38.9′	78°42.3′	Punta Indios
96	20°47.6′	78°56.7′	Cayo Anclitas
97	20°52.2′	79°03.3′	Punta Escondido
98	21°03.2′	79°20.4′	Cayo Cinco Balas
99	21°06.4′	79°26.6′	Cayo de Bretón
100	21°13.1′	79°33.3′	
101	21°36.6′	79°50.5′	Cayo Puga
102	21°37.7′	81°04.8′	Cayo Trabuco
103	21°35.7′	81°30.7′	
104	21°34.7′	81°38.3′	Cayos Ballenátos

续　表

点编号	北　纬	西　经	点的地理名称
105	21°33.6′	81°45.8′	Cabezo de la Estopa
106	21°28.4′	82°12.8′	Sambo Head
107	21°26.6′	82°50.3′	
108	21°26.3′	82°53.0′	
109	21°26.3′	82°53.8′	Caleta de Agustín Jol
110	21°28.0′	83°04.4′	Cabo Pepe
111	21°54.4′	84°02.1′	Cabo Francés
112	21°45.9′	84°26.7′	
113	21°45.8′	84°27.3′	Punta Leones
114	21°45.2′	84°30.2′	
115	21°45.2′	84°30.6′	Cabo Corrientes
116	21°48.7′	84°48.1′	Punta Holandés
117	21°48.6′	84°48.6′	
118	21°49.6′	84°55.0′	
119	21°49.7′	84°55.2′	
120	21°50.1′	84°55.9′	Punta Perpetua
121	21°50.2′	84°56.1′	
122	21°50.6′	84°56.6′	
123	21°51.4′	84°57.1′	
124	21°51.7′	84°57.2′	

关于古巴共和国在墨西哥湾的专属经济区外部界限的第 266 号法令

古巴共和国国务委员会主席办公室

本人，劳尔·卡斯特罗（Raúl Castro Ruz），古巴共和国国务委员会主席，在此宣布，国务院考虑了以下方面：

鉴于《古巴共和国宪法》第十一条规定，国家得对共和国海洋经济区 *

* 译者注：该词西班牙文原文为“zona económica marítima”，英文本的措词为“maritime economic zone”。英文本译者认为原文应该是指专属经济区，即 exclusive economic zone。

的水域、海床和底土中的生物和非生物自然资源行使主权，海洋经济区的范围依据国际实践，由法律确定；

鉴于古巴共和国是 1982 年 12 月 10 日《联合国海洋法公约》的缔约国，《公约》第七十五条要求沿海国一旦确立或划定专属经济区的外部界线，就应在足以确定这些界线位置的大比例尺海图上，或以地理坐标表的方法标出，还要将这种海图或地理坐标表妥为公布，并将这些海图或坐标表的一份副本交存于联合国秘书长；

鉴于《1977 年 2 月 24 日第 2 号法令》第一条建立了邻接领海，从测量领海宽度的基线延伸至 200 海里的古巴共和国经济区 *,并规定经济区外部界限 ** 由地理坐标确定；

因此,国务院依据《古巴共和国宪法》第九十条所授予的权力,决定颁布：

第一条

古巴共和国在墨西哥湾的专属经济区外部界限应以弧形测地线划出。弧形测地线的各点与测量古巴领海宽度的直线基线上最近各点的距离为 200 海里。

第二条

上述外部界限依据以下地理坐标确定：

编　号	纬　度			经　度		
1	24°	56′	28″.83	-86°	56′	16″.69
2	25°	03′	29″.14	-86°	47′	05″.90
3	25°	07′	52″.92	-86°	41′	07″.08
4	25°	12′	25″.00	-86°	33′	12″.00

地理坐标点以 1927 年北美基准（NAD27）为基础。

最后条款

1. 古巴共和国外交部负责将本法令中的地理坐标表交存于联合国秘书长处。该坐标表依据 1982 年 12 月 10 日联合国通过的，1984 年 8 月 15 日

---

* 译者注：该词西班牙文原文为“Zona Económica”，英文本译者认为原文没有“专属”的意思。

** 译者注：此处，该词西班牙文原文为“línea exterior”，英文本译者认为其字面上相当于“outer line”，因此在英文本中使用了和《联合国海洋法公约》英文本一样的用词，即“outer limits”。

古巴签署的《联合国海洋法公约》第七十五条，标出古巴在墨西哥湾的专属经济区外部界限。

2. 本法令自共和国政府公报公布之日起生效。

于 2009 年 5 月 8 日在哈瓦那的革命宫（Palace of the Revolution）完成。

劳尔 · 卡斯特罗

古巴共和国国务委员会主席

本人，欧梅罗 · 阿科斯塔 · 阿尔瓦雷斯（Homero Acosta Álvarez），古巴共和国国务委员会临时秘书，特此证明此件为原始文件的可靠完整副本，于所示日期签发。

于 2009 年 5 月 8 日在哈瓦那的革命宫完成。

欧梅罗 · 阿科斯塔 · 阿尔瓦雷斯

多米尼克国
Dominica

（英文文本截止于 2009 年 1 月 16 日）

领海、毗连区、专属经济区和渔区法
（1981 年 8 月 25 日第 26 号法案）

本法规定多米尼克国领海、毗连区、专属经济区和渔区的界限。

第一条　简称

本法可称为《1981 年领海、毗连区、专属经济区和渔区法》。

第二条

在本法中：

“基线”指根据直线基线制度确定的测量领海宽度的线；

“毗连区”指邻接领海的海域，为防止在领土或领海中违反海关、财政、移民或卫生法规的必要，多米尼克国可以对其行使主权权利；

“专属经济区”指在领海之外并邻接领海的区域，多米尼克国可以对其行使主权权利，以及受国际法规定限制的管辖权；

“渔区”指其上覆水域自测量领海宽度的基线延伸至 200 海里的区域；

“内水”指位于基线向陆一侧的水域；

“无害通过”指不损害多米尼克国和平、良好秩序和安全的船舶或飞机的通过。

“通过”指为国际法规定的目的穿过领海及其上空的航行；

“领海”指多米尼克国行使主权的海域。

第三条 领海的确立

多米尼克国的领海包括以确定的基线为内部界限，以基线向海一侧，且其上各点与基线上最近各点的距离为 12 海里的一条线为外部界限的那些区域。

第四条 毗连区的确立

多米尼克国领海的毗连区包括邻接领海，从测量领海宽度的基线起延伸至 24 海里的海域。

第五条 专属经济区的确立

多米尼克国的专属经济区包括在多米尼克国领海之外并邻接领海，以前述基线向海一侧，且其上各点与前述基线上最近点距离 200 海里的一条线为外部界限的那些水域及海床和底土。

第六条 渔区的确立

多米尼克国的渔区包括在多米尼克国领海之外并邻接领海，以其各点与测量领海宽度的基线上最近点距离 200 海里的一条线为向海一侧界限的海域。

第七条 领海管辖权

在领海和内水中，多米尼克国得行使主权，且主权应及于这些海域的海床、底土和上空。

第八条

在专属经济区中，多米尼克国得行使：

（1）以勘探和开发、养护和管理海床上覆水域和海床及其底土的生物和非生物自然资源的目的的主权权利，以及关于利用海水、海流和风力生产能的其他主权权利。

（2）与下列事项有关的管辖权：

①人工岛屿、设施和结构的建造和使用；

②海洋科学研究；

③海洋环境的保护和保全。

（3）国际法规定的其他权利和义务。

第九条 渔区管辖权

在渔区，多米尼克国得根据国际法行使主权权利和专属管辖权，以便勘探、开发、养护和管理上覆水域、海床和底土中的渔业资源。

第十条

1. 无害通过的承认

多米尼克国承认，受国际法原则和规定的限制，外国船舶和军舰在领海中，飞机在领海上空享有无害通过权。

2. 对专属经济区中国际活动的承认

根据国际法的原则和规定，多米尼克国应承认在专属经济区中的航行与飞越的自由、铺设海底电缆和管道的自由以及其他有关活动。

第十一条 谈判海洋边界的意愿

若多米尼克国领海和专属经济区与相邻或相向国家的领土之间需要划界，多米尼克国政府应准备、能够和愿意在适当的时机，本着公平的原则与相关国家进行谈判，以期达成友好协定。

第十二条 将来的立法

多米尼克国政府应在其认为必要的情况下，随时通过与上述规定和事项有关的后续立法。

多米尼加共和国
Dominican Republic

（英文文本截止于 2009 年 1 月 16 日）

关于领海、毗连区、专属经济区和大陆架的第 186 号法案
（1967 年 9 月 13 日）

第一条

多米尼加共和国的领海应包括邻接其海岸以及多米尼加共和国行使主权的岛屿海岸，并从低潮线或直线基线起向海延伸 6 海里的海域。

第二条

曼萨尼约海湾（Manzanillo Bay），包括位于马萨克河（Massacre River）或达哈翁河（Dajabón River）入口和曼萨尼约角（Punta Manzanillo）的中间线之间的海岸地区；卡布隆角（Cabo Cabrón）和萨马纳角（Cabo Samaná）之间的林孔（Rincón）；萨马纳角和圣拉斐尔角（Cabo San Rafel）之间的萨马纳（Samaná）；埃斯帕达角（Punta Espada）和阿尔希韦角（Punta Aljibe）之间的尤马（Yuma）；马格达莱纳角（Punta Magdalena）和考赛多角（Cabo Caucedo）之间的安德雷斯（Andrés）；萨利纳斯角（Punta Salinas）和马丁加西亚角（Punta Martín García）之间的欧寇（Ocoa）；马丁加西亚角和阿韦利纳角（Punta Averena）之间的内瓦（Neiba）；以及法尔索角（Cabo Falso）

和罗霍角（Cabo Rojo）之间的阿吉拉斯（Aguilas），是根据这些词语的传统地理定义确定的海湾，因此，连接划定它们界限各点的直线以内的水域是内水，并应受完全的国家主权控制。

1. 圣多明各海湾（Santo Domingo Bay），包括帕伦克角（Punta Palenque）与考赛多角（Cabo Caucedo）之间的海岸地区，以及旧弗朗塞斯角（Cabo Francés Viejo）和卡布隆角之间的埃斯科塞萨海湾（Escocesa Bay），被称为历史性海湾。据此，位于连接划定它们界限各点的直线内的水域是内水，并因受完全的国家主权的控制。

2. 邻接圣多明各海湾、埃斯科塞萨海湾和其他海湾的领水及部分内水应从连接划定它们界限各点的直线基线起向海测量。

第 573 号法案：修正 1967 年 9 月 13 日《关于领海、毗连区、专属经济区和大陆架的第 186 号法案》（1977 年 4 月 1 日）

第一条

1967 年 9 月 13 日第 186 号法案的名称及其第三、四、五、六、七和八条作如下修正：

名称：《关于领海、毗连区、专属经济区和大陆架》。

…………

第四条

应建立领海之外并邻接领海的专属经济区：

（1）“专属经济区”应从测算领海的基线量起向公海方向延伸 200 海里。该区域的界限应由始于我国与邻国海地共和国在马萨克河（Massacre River）或达哈翁河（Dajabón River）入口边界的第一个界标，穿过以下各地理坐标点的断续线确定：

（a）马萨克河边界

（b）北纬 19°50′30″　　西经 72°02″

（c）北纬 20°33′30″　　西经 72°08′20″

（d）北纬 20°36′　　西经 71°38′

（e）北纬 20°33′　　西经 71°27′

（f）北纬 20°34′30″　　西经 71°08′30″

（g）北纬 20°44′30″　　西经 70°23′30″

（h）北纬 21°11′30″　　西经 69°29′

（i）北纬 22°23′30″　　西经 67°45′

（j）北纬 21°49′　　西经 67°24′

（k）北纬 18°33′20″　　西经 67°44′

（l）北纬 18°29′30″　　西经 67°47′30″

（m）北纬 18°21′40″　　西经 68°07′

（n）北纬 16°08′30″　　西经 68°00′21″

（o）北纬 15°18′　　西经 69°29′30″

（p）北纬 15°02′　　西经 73°27′30″

（q）北纬 16°50″　　西经 72°49′

（r）北纬 17°49″　　西经 72°05′30″

（s）与海地边界的最后一个界标，即在佩德尔纳斯来河（Pedernales River）入口与海地边界的最后一个界标。

第五条

多米尼加共和国得在该区域以勘探、开发、养护和管理海床、底土和上覆水域的生物和非生物自然资源为目的行使主权权利。

（1）多米尼加共和国亦得行使有关在区域内建造和使用人工岛屿、设施和构造的专属权利和管辖权。

（2）多米尼加共和国得行使关于在区域内勘探和从事经济性开发，比如利用海水、海流和风力生产能的专属管辖权。

（3）多米尼加共和国得行使关于保护海洋环境，包括控制和减少污染的专属管辖权。

（4）多米尼加共和国得管理区域内资源的调查、勘探和开发。

第六条

在遵守多米尼加共和国依据本法和国际法的规则所颁布的法律和规章

的情况下，专属经济区的确立不妨碍航行与飞越的权利、铺设海底电缆和管道的权利或其他合法或正当的海洋国际用途。

第七条

多米尼加共和国得为勘探和开发其自然资源的目的，对大陆架行使主权权利。

（1）为本条的目的，“大陆架”包括在领海以外，依其陆地领土的全部自然延伸，扩展到大陆边的海底区域的海床和底土。如果从测算领海宽度的基线量起，大陆架的宽度不足 200 海里，则扩展到 200 海里的距离。

（2）本条提及的权利是专属的，即只要国家不勘探大陆架或开发其自然资源，任何人未经其明确同意不得从事任何此类活动。

（3）这些规定提及的自然资源指前述海床和底土的矿产和其他非生物资源，以及定居种的生物资源，即在可捕捞阶段海床上或海床下不能移动或其躯体须与海床或底土保持接触才能移动的生物。

第八条

本法规定应符合有效的国际法和条约的相关规定，在适用于专属经济区的范围内，它们相互不冲突。

第九条

本法废除任何与其冲突的规定。

第 66-07 号法案

（2007 年 5 月 22 日）

国会代表共和国

考虑到多米尼加共和国的海洋划界应符合国家的最佳利益，应遵守国际海洋法的规则，并结合地形、陆地、海洋和水下特征；

考虑到海床和底土的海洋资源和物质构成多米尼加共和国应增强的国家发展的潜在因素；

考虑到关于海洋划界的 1967 年 9 月 13 日第 186 号法案存在与普遍接

受的管辖区有关的某些不足，这会损害我国的主权并限制我国获取对经济发展至关重要的海洋资源的可能性；

考虑到 1982 年《联合国海洋法公约》是确定海洋区域及其特点的有效文件；

考虑到海洋区域及其包含的资源是国家发展的重要来源；

考虑到过去在不同场合企图分离部分国家领土是违反《共和国宪法》原则的；

考虑到领海的扩展意味着需要重新计算其他海域的范围，尤其是专属经济区；

考虑到有建立制度，研究、量化、养护和合理利用领海和专属经济区蕴藏的丰富资源的必要；

考虑到海洋专家卡洛斯 · 安东尼奥 · 米契林（Carlos Antonio Michelén）向国会提交的设想群岛国地位的建议，已由众议院的两个委员会适当考虑和研究并提交公众讨论，该建议亦被在该领域中权威的国际机构认可，从而为其提供依据国际法的合法性；

考虑到 1982 年《联合国海洋法公约》；

考虑到《共和国宪法》第五条；

颁布以下法律：

第一条

特此宣布多米尼加共和国为群岛国。

第二条

多米尼加共和国的群岛包括：圣多明各（Santo Domingo）的西部或伊斯帕尼奥拉岛（Hispaniola）；150 个密集的小岛，其名称和位置都在本法中说明；众多的礁石和低潮高地；中心位于北纬 19°59.806′ 和西经 71°36.194′ 的蒙特克里斯蒂河岸（Montecristi Bank）；中心位于北纬 20°55′ 和西经 70°45′00″ 以及北纬 20°57′00″ 和西经 70°38′00″ 的穆舒瓦河岸（Mouchoir Bank）[帕努埃劳浅滩（Banco del Pañuelo）]；中心位于北纬 20°32′30″ 和西经 69°42′00″ 的锡尔弗河岸（Silver Bank）；中心位于北纬 20°21.343′ 和西经 69°04.929′ 的因诺米纳多浅滩（Banco Innominado）；中心位于北纬 20°01′00″ 和西经 68°51′00″ 的纳维达河岸（Navidad Bank）；中心位于北纬 18°06.082′ 和西经 68°44.246′ 的卡瓦约浅滩（Banco del Caballo）、锡尔弗（Silver）、纳维达（Navidad）、贝阿塔（Beata）和上维洛海峡（Alto Velo Strait），以及连接巴拉奥纳半岛（Barahona Peninsula）、其他自然要素和水域的贝阿塔海岭（Beata Ridge）。

第三条

作为群岛国，多米尼加共和国的主权及于划定的群岛基线所环绕的水域，不论其深度或与海岸间的距离如何，亦及于群岛水域的上空、海床和底土以及其中的生物和非生物资源。

第四条

群岛基线所环绕的水域应称为群岛水域。

第五条

在不妨碍多米尼加共和国制定航道和内水封口线的权利的情况下，多米尼加共和国根据国际法的规则尊重通过其群岛水域及水域上空的无害通过权。

第六条

处于多米尼加共和国完全主权支配下的内水如下：

曼萨尼约海湾（Manzanillo Bay），包括在达哈翁（Dajabón）的马萨克河（Massacre River）入口与曼萨尼约角（Punta Manzanillo）的中间线之间的沿岸区域；卡布隆角（Cabo Cabrón）和萨马纳角（Cabo Samaná）之间的林孔（Rincón）；萨马纳角（Cabo Samaná）和圣拉斐尔角（Cabo San Rafel）之间的萨马纳（Samaná）；埃斯帕达角（Punta Espada）和阿尔希韦角（Punta Aljibe）之间的尤马（Yuma）；马格达莱纳角（Punta Magdalena）和考赛多角（Cabo Caucedo）之间的安德雷斯（Andrés）；萨利纳斯角（Punta Salinas）和马丁加西亚角（Punta Martín García）之间的欧寇（Ocoa）；马丁加西亚角和阿韦利纳角（Punta Averena）之间的内瓦（Neiba）；以及法尔索角（Cabo Falso）和罗霍角（Cabo Rojo）之间的阿吉拉斯（Aguilas）。

多米尼加共和国的内水应视为群岛水域，受多米尼加共和国管辖。

第七条

以下应视为历史性水域：

被包围在帕伦克角（Cabo Palenque）与考赛多角之间的圣多明各，以及被包围在旧弗朗塞斯角（Cabo Francés Viejo）和卡布隆角之间的埃斯科塞（Escocesa）。

包围以上区域的水域应视为内水。

第八条

测量领海、毗连区和专属经济区宽度的群岛基线应由几段直线构成，这些直线连接以下测地线坐标点：

（1）北纬 19°42′07″ 西经 71°45′29″ 马萨克河的外部界限；

（2）北纬 19°52′00″ 西经 71°52′08″ 阿雷纳斯岛（Cayo Arenas）11.67 在低潮时接以下各点；

（3）北纬 19°52′27″ 西经 71°51′53″ 阿雷纳斯岛；

（4）北纬 20°54′36″ 西经 70°57′54″ 穆舒瓦河岸 80.05 在低潮时接以下各点；

（5）北纬 20°58′60″ 西经 70°44′31″ 穆舒瓦河岸在低潮时接以下各点；

（6）北纬 21°06′14″ 西经 70°31′28″ 穆舒瓦河岸；

（7）北纬 20°53′07″ 西经 69°53′19″ 锡尔弗河岸 38.00 在低潮时接以下各点；

（8）北纬 20°39′02″ 西经 69°28′59″ 锡尔弗河岸；

（9）北纬 20°30′07″ 西经 69°20′07″ 因诺米纳多浅滩 12.16 在低潮时接以下各点；

（10）北纬 20°30′07″ 西经 69°20′07″ 因诺米纳多浅滩；

（11）北纬 19°54′55″ 西经 68°45′09″ 纳维达河岸 48.09 在低潮时接以下各点；

（12）北纬 19°50′31″ 西经 68°43′40″ 纳维达河岸；

（13）北纬 18°38′19″ 西经 68°19′15″ 恩加尼奥角岛（Cayo Cabo Engaño）75.54；

（14）北纬 18°35′50″ 西经 68°19′21″ 恩加尼奥角（Cabo Engaño）2.48；

（15）北纬 18°06′37″ 西经 68°34′15″ 库伊达多岛（Isla Cuidado）32.37 在低潮时接以下各点；

（16）北纬 18°06′37″ 西经 68°34′15″ 库伊达多岛；

（17）北纬 18°06′32″ 西经 68°34′33″ 绍纳岛（Isla Saona）0.30 在低潮时

接以下各点；

（18）北纬 18°08′12″ 西经 68°45′30″ 拉古纳角（Punta Laguna）;

（19）北纬 18°13′34″ 西经 70°09′30″ 帕伦克角（Punto Palenque）80.15；

（20）北纬 17°28′18″ 西经 71°38′11″ 上维洛岛（Isla Alto Velo）95.86 在低潮时接以下各点；

（21）北纬 17°28′39″ 西经 71°38′57″ 上维洛岛；

（22）北纬 17°37′37″ 西经 71°41′25″ 洛斯弗莱赖斯岛（Isla Los Frailes）9.22；

（23）北纬 18°01′54″ 西经 71°45′36″ 佩德莱赖斯的边界角（Punta Frontera de Pedernales）24.53（基准：WGS 84）。

这些点是测地点，应根据多米尼加共和国就地改变的相应值进行调整。

第九条

多米尼加共和国的领海宽度是从群岛基线起向公海方向延伸 12 海里。

第十条

多米尼加共和国的主权及于领海及其海床、底土、其中的生物与非生物资源，以及领海上空。

第十一条

在不妨碍多米尼加共和国指定航道的权利的情况下，多米尼加共和国根据国际法尊重在其领水及领水上空的无害通过权。

第十二条

载有可能用于大规模杀伤性武器，或对人体健康或环境造成严重损害的放射性物质或高度有害化学物质的货物的船舶或飞机的航行，多米尼加共和国视为非无害通过其群岛水域、领水及其上空。

第十三条

毗连区包括邻接领海，从群岛基线向公海方向延伸 24 海里的海域。多米尼加共和国得对该区域行使 1982 年《联合国海洋法公约》（蒙特哥湾）规定的管辖权。

第十四条

在此建立专属经济区，包括邻接毗连区外部界限，从群岛基线向公海方向延伸 200 海里的海域。专属经济区的外部界限由一系列连接以下测地线坐标点的直线确定：

测地点	北　纬	西　经
1	19°42′07″	71°45′29″
2	19°42′07″	71°45′29″
3	19°42′37″	71°46′21″
4	19°43′07″	71°47′12″
5	19°43′36″	71°48′03″
6	19°44′06″	71°48′54″
7	19°44′36″	71°49′46″
8	19°45′06″	71°50′37″
9	19°45′35″	71°51′28″
10	19°46′05″	71°52′19″
11	19°46′35″	71°53′11″
12	19°47′04″	71°54′02″
13	19°47′34″	71°54′53″
14	19°48′04″	71°55′44″
15	19°48′33″	71°56′36″
16	19°48′48″	71°57′01″
17	19°49′03″	71°57′27″
18	19°49′33″	71°58′18″
19	19°50′02″	71°59′09″
20	19°50′32″	72°00′01″
21	19°51′31″	72°00′12″
22	19°52′29″	72°00′23″
23	19°53′28″	72°00′34″
24	19°54′27″	72°00′46″
25	19°55′25″	72°00′57″

续 表

测地点	北 纬	西 经
26	19°56′24″	72°01′08″
27	19°57′23″	72°01′20″
28	19°58′21″	72°01′31″
29	19°59′20″	72°01′42″
30	20°00′19″	72°01′54″
31	20°01′17″	72°02′05″
32	20°02′16″	72°02′16″
33	20°03′14″	72°02′27″
34	20°04′13″	72°02′39″
35	20°05′12″	72°02′50″
36	20°06′10″	72°03′01″
37	20°07′09″	72°03′13″
38	20°08′08″	72°03′24″
39	20°09′06″	72°03′35″
40	20°10′05″	72°03′47″
41	20°11′04″	72°03′58″
42	20°12′02″	72°04′09″
43	20°12′51″	72°04′19″
44	20°13′01″	72°04′21″
45	20°13′59″	72°04′32″
46	20°14′58″	72°04′43″
47	20°35′44″	72°08′44″
48	21°16′15″	72°16′33″
49	21°16′03″	72°16′17″

续 表

测地点	北 纬	西 经
50	21°15′26″	72°15′28″
51	21°14′49″	72°14′39″
52	21°14′12″	72°13′49″
53	21°13′35″	72°12′60″
54	21°12′58″	72°12′11″
55	21°12′21″	72°11′21″
56	21°11′44″	72°10′32″
57	21°11′07″	72°09′43″
58	21°10′30″	72°08′53″
59	21°09′53″	72°08′04″
60	21°09′16″	72°07′15″
61	21°08′39″	72°06′25″
62	21°08′02″	72°05′36″
63	21°07′25″	72°04′47″
64	21°06′48″	72°03′57″
65	21°06′11″	72°03′08″
66	21°05′34″	72°02′19″
67	21°04′57″	72°01′30″
68	21°04′20″	72°00′40″
69	21°03′43″	71°59′51″
70	21°03′06″	71°59′02″
71	21°02′29″	71°58′13″
72	21°01′52″	71°57′23″
73	21°01′15″	71°56′34″

续 表

测地点	北 纬	西 经
74	21°00′38″	71°55′45″
75	20°59′57″	71°54′37″
76	20°59′23″	71°53′26″
77	20°58′56″	71°52′10″
78	20°58′36″	71°50′53″
79	20°58′28″	71°49′58″
80	20°58′20″	71°49′03″
81	20°58′12″	71°48′09″
82	20°58′04″	71°47′14″
83	20°57′55″	71°46′20″
84	20°57′44″	71°45′24″
85	20°57′33″	71°44′29″
86	20°57′21″	71°43′09″
87	20°57′18″	71°41′49″
88	20°57′21″	71°40′28″
89	20°57′33″	71°39′09″
90	20°57′53″	71°37′51″
91	20°58′20″	71°36′36″
92	20°58′41″	71°35′45″
93	20°58′40″	71°35′15″
94	20°58′39″	71°34′13″
95	20°58′38″	71°33′11″
96	20°58′36″	71°32′10″
97	20°58′35″	71°31′08″

续 表

测地点	北 纬	西 经
98	20°58′33″	71°30′06″
99	20°58′32″	71°29′04″
100	20°58′31″	71°28′02″
101	20°58′29″	71°27′00″
102	20°58′28″	71°25′59″
103	20°58′26″	71°24′57″
104	20°58′25″	71°23′55″
105	20°58′23″	71°22′53″
106	20°58′22″	71°21′51″
107	20°58′20″	71°20′49″
108	20°58′19″	71°19′48″
109	20°58′18″	71°18′46″
110	20°58′16″	71°17′44″
111	20°58′15″	71°16′42″
112	20°58′13″	71°15′40″
113	20°58′12″	71°14′39″
114	20°58′15″	71°13′18″
115	20°58′27″	71°11′59″
116	20°58′44″	71°10′51″
117	20°58′47″	71°10′47″
118	20°59′22″	71°09′53″
119	20°59′60″	71°09′02″
120	21°00′39″	71°08′13″
121	21°01′19″	71°07′25″

续 表

测地点	北 纬	西 经
122	21°03′14″	71°05′24″
123	21°03′53″	71°04′39″
124	21°05′06″	71°03′03″
125	21°05′40″	71°02′12″
126	21°06′01″	71°01′38″
127	21°06′16″	71°01′16″
128	21°06′28″	71°01′04″
129	21°07′11″	71°00′23″
130	21°07′54″	70°59′43″
131	21°08′37″	70°59′02″
132	21°09′20″	70°58′22″
133	21°10′03″	70°57′41″
134	21°10′46″	70°57′01″
135	21°11′29″	70°56′20″
136	21°12′12″	70°55′40″
137	21°13′11″	70°54′49″
138	21°14′14″	70°54′05″
139	21°15′22″	70°53′28″
140	21°15′23″	70°53′28″
141	21°15′26″	70°53′26″
142	21°16′36″	70°52′57″
143	21°17′13″	70°52′46″
144	21°18′26″	70°52′25″
145	21°19′41″	70°52′13″

续 表

测地点	北 纬	西 经
146	21°20′22″	70°52′07″
147	21°21′03″	70°52′01″
148	21°21′44″	70°51′55″
149	21°22′60″	70°51′51″
150	21°24′15″	70°51′55″
151	21°25′30″	70°52′08″
152	21°26′43″	70°52′29″
153	21°27′54″	70°52′57″
154	21°29′01″	70°53′34″
155	21°29′20″	70°53′46″
156	21°29′27″	70°53′48″
157	21°30′07″	70°54′10″
158	21°30′47″	70°54′31″
159	21°30′52″	70°54′34″
160	21°31′07″	70°54′38″
161	21°31′58″	70°54′53″
162	21°32′49″	70°55′08″
163	21°33′40″	70°55′23″
164	21°34′31″	70°55′38″
165	21°35′42″	70°56′07″
166	21°36′49″	70°56′43″
167	21°37′53″	70°57′27″
168	21°38′51″	70°58′18″
169	21°39′45″	70°59′15″

续 表

测地点	北 纬	西 经
170	21°40′33″	71°00′18″
171	21°41′06″	71°01′11″
172	21°41′39″	71°02′05″
173	21°42′12″	71°02′58″
174	21°42′45″	71°03′51″
175	21°43′18″	71°04′44″
176	21°43′51″	71°05′38″
177	21°44′24″	71°06′31″
178	21°44′58″	71°07′24″
179	21°45′15″	71°07′53″
180	24°23′47″	71°07′53″
181	24°25′47″	70°54′21″
182	24°26′55″	70°31′28″
183	24°25′47″	70°08′34″
184	24°22′25″	69°45′56″
185	24°16′52″	69°23′51″
186	24°15′52″	69°20′55″
187	24°14′51″	69°17′60″
188	24°13′51″	69°15′04″
189	24°12′51″	69°12′08″
190	24°11′50″	69°09′13″
191	24°10′50″	69°06′17″
192	24°09′50″	69°03′22″
193	24°08′49″	69°00′26″

续 表

测地点	北 纬	西 经
194	24°07′48″	68°57′31″
195	24°06′48″	68°54′36″
196	24°05′47″	68°51′40″
197	24°04′46″	68°48′45″
198	24°03′46″	68°45′50″
199	23°56′04″	68°24′34″
200	23°46′20″	68°04′21″
201	23°44′46″	68°01′40″
202	23°43′13″	67°58′59″
203	23°41′39″	67°56′17″
204	23°40′05″	67°53′36″
205	23°38′31″	67°50′55″
206	23°36′58″	67°48′15″
207	23°35′24″	67°45′34″
208	23°33′50″	67°42′53″
209	23°32′16″	67°40′12″
210	23°20′36″	67°21′17″
211	23°07′09″	67°03′51″
212	22°52′04″	66°48′05″
213	22°50′17″	66°46′20″
214	22°48′30″	66°44′36″
215	22°46′43″	66°42′52″
216	22°44′56″	66°41′08″
217	22°43′10″	66°39′24″

续 表

测地点	北 纬	西 经
218	22°41′06″	66°37′22″
219	22°39′02″	66°35′21″
220	22°36′58″	66°33′19″
221	22°34′54″	66°31′18″
222	22°32′50″	66°29′17″
223	22°30′46″	66°27′16″
224	22°28′42″	66°25′14″
225	22°26′38″	66°23′13″
226	22°24′34″	66°21′12″
227	22°22′30″	66°19′11″
228	22°20′25″	66°17′10″
229	22°18′21″	66°15′09″
230	22°16′17″	66°13′09″
231	22°14′13″	66°11′08″
232	22°12′09″	66°09′07″
233	22°10′04″	66°07′06″
234	22°08′00″	66°05′06″
235	21°51′27″	65°51′14″
236	21°48′17″	65°49′07″
237	21°27′32″	66°02′15″
238	20°47′06″	66°30′08″
239	20°44′52″	66°31′50″
240	20°31′01″	66°42′20″
241	20°30′05″	66°43′02″

续 表

测地点	北 纬	西 经
242	20°29′40″	66°43′22″
243	20°28′48″	66°44′04″
244	20°28′18″	66°44′31″
245	20°27′36″	66°45′08″
246	20°26′53″	66°45′48″
247	20°25′29″	66°47′03″
248	20°24′04″	66°48′18″
249	20°22′41″	66°49′32″
250	20°21′17″	66°50′45″
251	20°19′53″	66°51′58″
252	20°19′42″	66°52′07″
253	20°18′30″	66°53′09″
254	20°17′07″	66°54′20″
255	20°15′44″	66°55′30″
256	20°14′22″	66°56′39″
257	20°12′59″	66°57′47″
258	20°11′37″	66°58′54″
259	20°10′15″	67°00′00″
260	20°08′54″	67°01′05″
261	20°07′32″	67°02′10″
262	20°06′47″	67°02′46″
263	20°06′11″	67°03′14″
264	20°05′55″	67°03′27″
265	20°04′50″	67°04′19″

续 表

测地点	北 纬	西 经
266	20°03′29″	67°05′22″
267	20°02′08″	67°06′25″
268	20°01′11″	67°07′08″
269	20°00′47″	67°07′27″
270	19°59′27″	67°08′28″
271	19°58′07″	67°09′28″
272	19°56′47″	67°10′27″
273	19°55′27″	67°11′25″
274	19°54′18″	67°12′15″
275	19°54′08″	67°12′22″
276	19°52′49″	67°13′19″
277	19°51′30″	67°14′14″
278	19°50′11″	67°15′09″
279	19°48′53″	67°16′02″
280	19°47′35″	67°16′55″
281	19°47′36″	67°16′54″
282	19°47′17″	67°17′47″
283	19°46′60″	67°18′38″
284	19°44′39″	67°18′52″
285	19°44′19″	67°19′05″
286	19°43′42″	67°19′29″
287	19°42′25″	67°20′19″
288	19°41′08″	67°21′08″
289	19°39′51″	67°21′57″

续 表

测地点	北　纬	西　经
290	19°38′34″	67°22′44″
291	19°37′18″	67°23′31″
292	19°36′02″	67°24′16″
293	19°35′57″	67°24′19″
294	19°34′46″	67°25′01″
295	19°33′31″	67°25′46″
296	19°32′15″	67°26′29″
297	19°31′00″	67°27′12″
298	19°29′45″	67°27′53″
299	19°28′31″	67°28′34″
300	19°27′16″	67°29′13″
301	19°26′03″	67°29′52″
302	19°24′49″	67°30′29″
303	19°23′35″	67°31′06″
304	19°22′22″	67°31′42″
305	19°21′09″	67°32′16″
306	19°19′57″	67°32′50″
307	19°18′45″	67°33′23″
308	19°17′33″	67°33′55″
309	19°16′21″	67°34′25″
310	19°15′10″	67°34′55″
311	19°13′58″	67°35′24″
312	19°13′11″	67°35′43″
313	19°12′48″	67°35′52″

续 表

测地点	北 纬	西 经
314	19°12′18″	67°36′04″
315	19°11′33″	67°36′34″
316	19°10′15″	67°37′24″
317	19°08′58″	67°38′13″
318	19°07′41″	67°39′00″
319	19°06′25″	67°39′46″
320	19°05′09″	67°40′31″
321	19°03′54″	67°41′14″
322	19°02′39″	67°41′55″
323	19°01′24″	67°42′35″
324	19°00′10″	67°43′14″
325	18°58′56″	67°43′51″
326	18°57′43″	67°44′27″
327	18°56′30″	67°45′02″
328	18°55′18″	67°45′34″
329	18°54′06″	67°46′06″
330	18°52′54″	67°46′36″
331	18°51′43″	67°47′05″
332	18°50′33″	67°47′32″
333	18°50′21″	67°47′36″
334	18°49′22″	67°47′58″
335	18°48′12″	67°48′22″
336	18°42′21″	67°50′18″
337	18°42′09″	67°50′23″

续 表

测地点	北 纬	西 经
338	18°36′48″	67°52′11″
339	18°35′59″	67°52′27″
340	18°35′10″	67°52′42″
341	18°24′17″	67°55′46″
342	18°23′19″	67°56′02″
343	18°22′20″	67°56′16″
344	18°21′46″	67°56′23″
345	18°21′48″	67°57′09″
346	18°21′48″	67°57′11″
347	18°21′44″	67°58′30″
348	18°21′33″	67°59′48″
349	18°21′13″	68°01′05″
350	18°20′46″	68°02′19″
351	18°20′11″	68°03′29″
352	18°19′30″	68°04′36″
353	18°18′43″	68°05′37″
354	18°18′38″	68°05′43″
355	18°17′45″	68°06′38″
356	18°16′46″	68°07′28″
357	18°15′42″	68°08′11″
358	18°14′35″	68°08′47″
359	18°13′24″	68°09′16″
360	18°13′21″	68°09′17″
361	18°13′18″	68°09′18″

续 表

测地点	北　纬	西　经
362	18°12′05″	68°09′38″
363	18°10′50″	68°09′50″
364	18°09′35″	68°09′54″
365	18°09′32″	68°09′54″
366	18°08′17″	68°09′50″
367	18°07′02″	68°09′38″
368	18°06′15″	68°09′24″
369	18°05′02″	68°09′28″
370	18°04′51″	68°09′28″
371	18°03′35″	68°09′24″
372	18°02′21″	68°09′12″
373	18°01′07″	68°08′51″
374	17°59′57″	68°08′23″
375	17°59′55″	68°08′22″
376	17°58′47″	68°07′46″
377	17°57′44″	68°07′02″
378	17°56′45″	68°06′13″
379	17°55′52″	68°05′17″
380	17°55′04″	68°04′15″
381	17°54′31″	68°03′21″
382	17°54′28″	68°03′18″
383	17°54′22″	68°03′08″
384	17°54′13″	68°02′57″
385	17°54′11″	68°02′54″

续 表

测地点	北　纬	西　经
386	17°54′05″	68°02′45″
387	17°53′24″	68°01′39″
388	17°52′50″	68°00′29″
389	17°52′45″	68°00′17″
390	17°52′43″	68°00′13″
391	17°52′42″	68°00′11″
392	17°52′13″	67°59′10″
393	17°52′11″	67°59′06″
394	17°52′10″	67°59′04″
395	17°51′43″	67°57′50″
396	17°51′24″	67°56′34″
397	17°51′12″	67°55′18″
398	17°51′09″	67°55′17″
399	17°50′08″	67°55′02″
400	17°49′57″	67°55′04″
401	17°48′56″	67°55′12″
402	17°27′53″	67°57′52″
403	17°19′21″	67°58′57″
404	17°10′49″	68°00′02″
405	16°29′01″	68°05′50″
406	15°11′40″	68°16′28″
407	15°12′54″	68°28′54″
408	15°14′31″	68°51′42″
409	15°18′03″	69°29′28″

续 表

测地点	北 纬	西 经
410	15°17′39″	69°32′31″
411	15°17′15″	69°35′34″
412	15°16′50″	69°38′37″
413	15°16′26″	69°41′40″
414	15°16′02″	69°44′43″
415	15°15′38″	69°47′46″
416	15°15′14″	69°50′49″
417	15°14′49″	69°53′52″
418	15°14′25″	69°56′54″
419	15°14′01″	69°59′57″
420	15°13′37″	70°03′00″
421	15°13′13″	70°06′03″
422	15°12′49″	70°09′06″
423	15°12′24″	70°12′09″
424	15°12′00″	70°15′12″
425	15°11′36″	70°18′14″
426	15°11′12″	70°21′17″
427	15°10′48″	70°24′20″
428	15°10′23″	70°27′23″
429	15°09′59″	70°30′26″
430	15°09′35″	70°33′28″
431	15°09′11″	70°36′31″
432	15°08′47″	70°39′34″
433	15°08′23″	70°42′37″

续 表

测地点	北 纬	西 经
434	15°07′58″	70°45′40″
435	15°07′34″	70°48′42″
436	15°07′10″	70°51′45″
437	15°06′46″	70°54′48″
438	15°06′22″	70°57′51″
439	15°05′57″	71°00′53″
440	15°05′33″	71°03′56″
441	15°05′09″	71°06′59″
442	15°04′45″	71°10′02″
443	15°04′21″	71°13′04″
444	15°03′57″	71°16′07″
445	15°03′32″	71°19′10″
446	15°03′08″	71°22′12″
447	15°02′44″	71°25′15″
448	15°02′20″	71°28′18″
449	15°01′56″	71°31′21″
450	15°01′31″	71°34′23″
451	15°01′07″	71°37′26″
452	15°00′43″	71°40′29″
453	15°00′45″	71°43′32″
454	15°00′48″	71°46′35″
455	15°00′50″	71°49′39″
456	15°00′52″	71°52′42″
457	15°00′54″	71°55′46″

续 表

测地点	北 纬	西 经
458	15°00′57″	71°58′49″
459	15°00′59″	72°01′53″
460	15°01′01″	72°04′56″
461	15°01′04″	72°07′59″
462	15°01′06″	72°11′03″
463	15°01′08″	72°14′06″
464	15°01′10″	72°17′10″
465	15°01′13″	72°20′13″
466	15°01′15″	72°23′17″
467	15°01′17″	72°26′20″
468	15°01′20″	72°29′23″
469	15°01′22″	72°32′27″
470	15°01′24″	72°35′30″
471	15°01′26″	72°38′34″
472	15°01′29″	72°41′37″
473	15°01′31″	72°44′41″
474	15°01′33″	72°47′44″
475	15°01′36″	72°50′47″
476	15°01′38″	72°53′51″
477	15°01′40″	72°56′54″
478	15°01′42″	72°59′58″
479	15°01′45″	73°03′01″
480	15°01′47″	73°06′05″
481	15°01′49″	73°09′08″

续 表

测地点	北 纬	西 经
482	15°01′52″	73°12′12″
483	15°01′54″	73°15′15″
484	15°01′56″	73°18′18″
485	15°01′58″	73°21′22″
486	15°02′01″	73°24′25″
487	15°02′03″	73°27′29″
488	15°13′16″	73°23′29″
489	15°36′02″	73°15′22″
490	16°09′21″	73°03′29″
491	16°49′03″	72°49′20″
492	16°49′60″	72°48′60″
493	16°50′00″	72°48′60″
494	17°49′03″	72°05′29″
495	17°49′03″	72°05′29″
496	18°01′54″	71°45′36″
497	18°01′40″	71°45′34″

（基准：WGS 84）

这些点是测地点，应根据多米尼加共和国就地改变的相应值进行调整。

第十五条

多米尼加共和国得对专属经济区行使 1982 年《联合国海洋法公约》（蒙特哥湾）规定的管辖权。

第十六条

设立一个常设机构——国家海洋局，其主要职能是监督研究、养护和开发海洋、海床和底土中生物与非生物资源。它还应在国内与国际作为代表，负责与海洋及其使用和所属权利有关的所有事项。

附款：登记专属经济区上覆水域、海床和底土的生物与非生物资源以及打捞专属经济区内构成国家文化遗产的古代沉船的财宝，均应为国家的优先权。

第十七条

国家海洋局管理专属经济区时，应由一个学院机构引导，该机构的成员如下：

（1）政府指定的身居国务卿一职的主席；

（2）工业与商业国务秘书；

（3）多米尼加港口局；

（4）环境与自然资源国务秘书；

（5）海军。

附款 I.《收入预算与公共开支法》应规定每年度国家海洋局运作的必要资金。

附款 II. 设立一个跨部门委员会作为审议机构，参与决策过程，在国家海洋局主席请求时行动。该委员会应由海军、多米尼加海军联盟、圣多明各自治大学、私立大学、多米尼加共和国科学院和商业协会的代表组成。

第十八条

多米尼加共和国的海军与武装力量应配合与支持国家海洋局的国防与监控计划。

第十九条

每年应在 3 月 13 日到 4 月 14 日之间指定纪念月，以便促进海洋及其资源的信息传播。

第二十条

本法确定的测地线点与附图标出的多米尼加共和国海域、群岛基线和划定专属经济区界限的基线相符。

第二十一条

多米尼加共和国应根据本法确立的原则，启动适当程序解决与第三国待解决的划界问题。

第二十二条

国家海洋局应进一步制定规章以便执行本法。

第二十三条

本法应废除并取代 1967 年 9 月 13 日《关于多米尼加共和国领海的第 186 号法案》及其修正案，以及有悖本法规定的任何其他法律。

本法于 2006 年，即独立第 163 年和重建第 143 年，4 月 4 日，在多米尼加共和国首都国家特区古斯曼的圣多明各（Santo Domingo de Guzmán）的国会众议院完成。

Alfredo Pacheco Osoria，众议长

Severina Gil Carreras，秘书

Josefina Alt. Marte Durán，秘书

关于宣布多米尼加共和国为群岛国的法案

法案于 2006 年，即独立第 163 年和重建第 143 年，7 月 26 日，在多米尼加共和国首都国家特区古斯曼的圣多明各的国会参议院完成。

Andrés Bautista García，参议院议长

Enriquillo Reyes Ramírez，秘书

Pedro José Alegría Soto，秘书

行使《共和国宪法》第五十五条授予多米尼加共和国总统莱昂内尔·费南德斯·雷纳（Leonel Fernández Reyna）的权力，我宣布：

为信息公开和遵守的必要，命令在政府公报上公布本法。

法案于 2007 年，即独立第 164 年和重建第 144 年，5 月 22 日，在多米尼加共和国首都国家特区古斯曼的圣多明各完成。

莱昂内尔·费南德斯·雷纳

厄瓜多尔
Ecuador

（英文文本截止于 2011 年 3 月 21 日）

经 1970 年 2 月 27 日第 256-CLP 号法令修正的民法典

第六百二十八条

国家管辖下的领海包括采用行政令定义的基线，从厄瓜多尔大陆海岸和科隆群岛（Colón Archipelago）各岛屿最外缘各点以及低潮标量起 200 海里的邻接海域。

在前款提及的基线与低潮线之间的邻接水域构成国家管辖下的内水。

如果依据涉及该事项的国际条约，为海洋警备与防卫指定了较前款规定的海域更宽的区域，该条约的规定应优先适用。

受航行自由或外国船舶无害通过限制的领海之外的海域应以行政令确定。

邻接海域的海床和底土也是国家财产。

第六百二十九条

国家领土的上空，包括前条确定的领海的上空，应是国家领土的组成部分。

规制领海上空自由航空区的规章应由政府制定。

规定测量领海的直线基线的第 959–A 号最高法令
（1971 年 6 月 28 日）

鉴于现行《民法典》第六百二十八条规定了在共和国大陆领土和科隆群岛（Colón Archipelago）[加拉帕戈斯群岛（Galapagos Islands）] 均应划定厄瓜多尔的领海，从为该目的以行政令确定的直线基线量起；

…………

特此规定：

第一条

测量共和国领海宽度的直线基线应由以下线段构成：

第 1 款　在大陆

（1）该条线应从与哥伦比亚的海洋边界和芒格拉雷角（Punta Manglares）（哥伦比亚）到加莱拉角（Punta Galera）（厄瓜多尔）直线的交叉点开始；

（2）从该点穿过加莱拉角，到达拉普拉塔岛（Isla de la Plata）最北点的直线；

（3）从该点到圣埃琳娜角（Puntilla de Santa Elena）的直线；

（4）从圣埃琳娜角，沿布兰科岬（Cabo Blanco）（秘鲁）方向，到构成与秘鲁海洋边界的地理平行线相交处。

第 2 款　在科隆群岛

（1）从达尔文岛（Islote Darwin）到平塔岛（Isla Pinta）东北角的直线；

（2）到捷诺维沙岛（Isla Genovesa）最北点的直线；

（3）穿过瓦尔迪赞角（Punta Valdizan）、圣克里斯托瓦尔岛（Isla San Cristóbal），与从西班牙岛（Isla Española）东南角到皮特角（Punta Pitt）、圣克里斯托瓦尔岛直线的北部延长线相交的直线；

（4）从该交叉点到西班牙岛东南角的直线；

（5）到苏尔角（Punta Sur）、圣玛丽亚岛（Isla Santa María）的直线；

（6）穿过埃塞克斯角（Punta Essex）附近的伊莎贝拉岛（Isla Isabela）东南角，与连接大致位于费尔南迪纳岛（Isla Fernandina）西海岸中部的最外部突出点和克里斯托瓦尔角（Punta Cristóbal）附近的伊莎贝拉岛南区西角的直线南部延长线相交的直线；

（7）从该交叉点穿过克里斯托瓦尔角附近的伊莎贝拉岛南区西角，到大致位于费尔南迪纳岛西海岸中部的最外部突出点的直线；

（8）到达尔文岛的直线。

第二条

位于第一条第 1 款规定的直线与大陆海岸线之间的水域，以及在科隆群岛处于第一条第 2 款规定的线以内的水域构成内水。

…………

授予外国船舶在厄瓜多尔领海、海岸或岛屿从事旅游或科学研究活动的规章

（1973 年 2 月 17 日）

第一条

要在厄瓜多尔领海、海岸或岛屿从事旅游或科学研究活动的外国船舶必须获得国防部适当的书面授权。

第二条

为获得第一条提及的授权，船舶的运营人、所有人或船长应至少在航程开始之前的 60 日内，直接或通过厄瓜多尔驻外大使馆向国防部提交书面申请，并附上有关数据、详细信息和以下条款提及的文件。

第三条

若航程仅为旅游的目的，前条提及的申请应包括以下文件和数据：

1. 船舶特征；

2. 航程和活动描述；

3. 航行的国内和国外赞助者名称及真实可靠的邮政地址；

4. 到岸与离岸的时间和地点；

5. 承诺如果部长认为必要，厄瓜多尔导游将在特定的厄瓜多尔港口登船，其酬劳由公司支付；

6. 明确承诺遵守保护国家公园和受保护自然种群的法律，并赔偿所造成的任何损失。

第四条

若航程目的是进行科学研究，除第三条所列事项外，申请还应包括以下文件和详细信息：

1. 参与研究的科学家名单；

2. 在厄瓜多尔的代表处或授权代理人名称和真实可靠的邮政地址；

3. 在下列领域进行科学研究的细节：海洋学、物理学、化学、生物学、地球物理学、气象学和水文学；

4. 承诺进入第一个厄瓜多尔港口，并接载一名海军海洋研究所的官员或公务人员，其费用归入航程；

5. 研究结果的用途；

6. 承诺可通过外交渠道获得研究的全部结果和结论，指明承诺的生效日期；

7. 承诺与从事对海军海洋研究所有意义的科学活动的厄瓜多尔技术人员合作；

8. 在特殊情况下，若船舶要进行关于水下地震探测的地理研究，根据在 1970 年 3 月 31 日第 400 号政府公报上公布的最高法令，碳化物特许应由国家资源与旅游部授予。海军上将得通过前述部门，要求个人或组织在完成研究工作后 6 个月内提供以下信息：

（1）水下地震探测的方法；

（2）板桩和薄板的数量；

（3）炸测记录方法；

（4）从头至尾再现记录的过滤系统；

（5）“反褶积”程序和实现方式，说明其是在“备份”之前还是之后；

（6）爆破点位置底图；

（7）横切面和纵切面地震记录的副本——显示密度或变量，检流计或合并区域，以适当的垂直和水平比例合理校正与处理；

（8）深度轮廓图副本。

第五条

在收到申请之后，得到海军上将的肯定意见，并核清申请包含第四条提及的所有必要信息，国防部得发布同意或拒绝授予许可的决定。

第六条

如果同意授权该航程，应规定授权的明确条件；如果拒绝授权该航程，应说明拒绝的理由或根据。

…………

第八条

如果在核查有关文件后，国防部或海军上将认为该航程对国家利益不利或与之不符，可以推迟或拒绝授权，并且无须说明理由。

第九条

在授权之后，如果突发状况需要，或被许可人不遵守相关决定对航程规定的一项或多项要求或条件，国防部可通过新决定废除授权，并准许船长在合理期间离开领水。

第十条

即使为航程授权的申请可能已通过适当渠道提交，在获得适当授权之前，任何船舶不得进入厄瓜多尔领海。

第十一条

在厄瓜多尔领海的航程开始时，船长应向负责旅游事务的官员或代理人呈递授权部门的决定，并应相应地获得：

（1）海军上将的命令和规定；

（2）海军海洋研究所关于从事和修改作业的规定。

第十二条

航程完成时，船长应获得适当授权，以便从主管港务长处离港。

关于大陆架的宣告

（1985 年 9 月 19 日）

共和国总统莱昂·费夫雷斯·科尔德罗·里瓦德内拉（Leon Febres Cordero Ribadeneyra）考虑到：

在厄瓜多尔大陆领海与加拉帕戈斯群岛（Galápagos Archipelago）领海

之间的海床上，卡内基海脊（Carnegie Ridge）位于不少于 2 500 米的深处；

科学研究已表明该海域的海床和底土有重要的自然资源；

国际海洋法承认，沿海国有权从 2 500 米等深线至 100 海里的距离划定其大陆架的界限；

国家有义务捍卫厄瓜多尔国对大陆架及其资源的主权权利；

宣布：

除领海 200 海里以内的大陆架和岛屿的陆架外，位于厄瓜多尔陆地领海与加拉帕戈斯群岛领海之间的海床和底土，从 2 500 米等深线到 100 海里的距离，构成厄瓜多尔大陆架的组成部分。由此，厄瓜多尔当局将建议适当地修改法律以保护共和国对上述大陆架的主权权利。这符合国家立法和厄瓜多尔与国际社会所接受的国际海洋法原则的进一步发展。

格林纳达
Grenada

（英文文本截止于 2010 年 9 月 9 日）

格林纳达领水法*
（1978 年第 17 号法案）

第一条 简称和生效

本法可称为《格林纳达 1978 年领水法》，于主管部长在政府公报上公布的指定日期开始生效。

第二条 解释

为本法之目的：

“主管机关”指主管部长或为本法目的经其指定为主管机关的任何人；

“外国船舶”指外国的船舶；

“外国”指格林纳达以外的国家；

“无害通过”被认为无损于格林纳达的和平、良好秩序或安全的通过；

“内水”指第五条所述的格林纳达的内水；

“低潮线”指平均大潮低潮时格林纳达海岸的低潮线；

“部长”指负责外部事务的部长；

* 本译文参考了国家海洋局政策研究室编著的《各国领海及毗连区法规选编》。

“海里”指国际海里；

“通过”指船舶不停止或下锚的航行，因不可抗力或失事或为援救遇险或遇难人员、船舶或航空器而必要的停留、徘徊、下锚也包括在内；

“船舶”包括各种船只、小艇或各种海上航行器；

“水下区域”包括海床及其底土；

“领水”指第三条所述格林纳达的领水。

第三条 领水的界限

1. 格林纳达领水包括：以第四条所指或根据该条所规定的基线为其向陆界限，以其各点与该基线或部长通过命令规定的基线上最近各点距离为 12 海里的边界线为向海界限的海域。

2. 领水包括其海床底土，为格林纳达领土的组成部分。

3. 根据本条第 1 款颁布的命令，应经参议院和众议院决议通过。

4. 本法生效之后任何法律中的“领水”，均应按照本条第（1）款规定进行解释。

第四条 领水基线

1. 在本条第 2 款的限制下，测算领水的基线应为格林纳达沿岸的低潮线。

2. 部长得以命令取代本条第 1 款所述的基线：

（1）规定自连接格林纳达海岸各点的直线基线与低潮线混合使用的其他基线；或者

（2）为本条第 1 款的目的，规定格林纳达直线基线沿岸各点的地理坐标。

3. 部长应敦促在大比例尺地图或海图上标明根据本条第 2 款规定的基线及领水向海的界线。为一切法律的目的，该地图或海图应以法律程序公布，标明测算领水的基线、领水宽度及界线。

4. 部长应制定本条第 3 款所述地图或海图的安全保管规则，并应通过公告规定公众可以查阅地图或海图的场所及可以取得核准副本的地点。

5. 为本法的目的，近岸岛屿和格林纳达的附属岛屿应视为格林纳达海岸的组成部分。

第五条 内水

格林纳达的内水，包括第四条所指或规定的直线向陆一侧的任何海域，连同其海床底土为格林纳达领土的组成部分。

第六条 无害通过权的享有

1. 在本条第 2 款和第七条第 1 款的限制下，外国船舶享有在领水的无害通过权。

2. 若外国军舰所属国未取得主管机关的事前许可，该军舰不得在领水航行。

第七条 非无害通过

1. 在本条第 2 款的限制下，外国船舶未经船长或该船负责人事先取得主管机关的许可即在领水从事以下任何活动，其通过应视为有损于格林纳达的和平、良好秩序或安全：

（1）以任何种类的武器进行任何操练或演习；

（2）任何搜集格林纳达防务、安全、经济或社会情报的行为；

（3）违反关于外汇管理、海关、移民、卫生或药品和治疗物品的任何法律，上下任何人员、商品或货币；

（4）任何故意或可能损害或危害格林纳达及其资源或海洋环境的污染行为；

（5）捕鱼或开采生物或非生物资源；

（6）进行任何种类的研究或调查活动；

（7）目的在于干扰任何通信或电信系统的行为，不论该系统位于陆地、海面或水下；

（8）潜水艇或其他潜水器的水下航行；

（9）规定的其他活动。

2. 若外国军舰未取得第六条第 2 款规定的许可即在领水航行，该航行应视为有损于格林纳达的和平、良好秩序或安全。

第八条 警察和授权人员的权力

1. 外国船舶如从事了第七条第 1 款（1）项至（8）项的活动，或第 1 款（9）项所规定的任何活动，或警察部队或部长书面授权人员有合理理由怀疑外国船舶从事了任何此种活动，该警察部队成员或授权人员得：

（1）停止和登临违法船舶以进行询问和调查；

（2）无须许可令即可扣留违法船舶，将其带入格林纳达港口；

（3）无须逮捕证即可逮捕船长以及参与被认为有损于格林纳达和平、良好秩序或安全的活动的任何船上人员。

2. 如认为外国船舶的通过有损于格林纳达的和平、良好秩序和安全，其船长或该船的其他负责人以及参与被认为有损害活动的任何人员，应根据本法以违法论处。

第九条 豁免权

1. 如认为外国船舶的通过有损于格林纳达的和平、良好秩序和安全，而该船或任何参与被认为有损害活动的船上人员，有权享受法律公认的国家豁免权或其他豁免权。该船的船旗国或该人员的国籍国应被认为对该船的活动承担国际责任。

2. 如认为该船舶的船旗国或人员的国籍国应根据本条承担国际责任，部长应采取一切可能措施依据国际法取得赔偿。

第十条 管辖权

1. 为格林纳达法院行使管辖权的目的，格林纳达领土应包含内水和领水。

2. 凡在内水或领水或与内水和领水有关的犯罪，或被怀疑犯有按简易程序判决的违法行为，均得由派往任何治安地区的治安法官处理和裁决，该治安法官应享有并行使《治安法官条例》授予的一切权力、特权、权利和管辖权。

3.《治安法官条例》授予治安法官的准刑事和民事管辖权涉及内水和领水时，应由派往任何治安地区的治安法官行使。

4. 依本法授予任何法院的管辖权，不妨碍其他法律授予该法院或由该法院行使的任何管辖权。

第十一条 规章

1. 部长得就下列事项制定规章：

（1）航行安全和海上交通管理；

（2）海上生物资源的养护；

（3）格林纳达海洋环境的保护和对海洋环境污染的预防和控制；

（4）捕鱼管理；

（5）有关外国公民和外国籍船舶捕鱼许可证的颁发及其附加的条件；

（6）法院对第四条或该条任何部分所述海图或地图的检查和接受作证；

（7）规定根据本条（5）项所制定的规章所颁发的许可证所征收的费用；

（8）综合管理内水和领水的利用，其中包括规定对涉及领水和内水的任何活动所征收的费用；

（9）没收从事或用于第七条第 1 款（1）项至（8）项所指、或根据该条第 1 款（9）项所规定的任何活动的船舶或设备，并交与政府；

（10）对违反根据本条制定的任何规章的行为，经简易程序判处 5 000 元以下罚款或两年以上监禁，或两者并处。

2. 根据本条制定的规章，应经参议院和众议院决议通过。

第十二条 违法行为

1. 凡威胁或妨碍根据本法或规章授权行事人员者，应依本法以违法论处。

2. 凡根据本条第 1 款或第八条第 2 款以违法论处者，应：

（1）经公诉程序判处 1 万元以下的罚款或 5 年以下的监禁，或两者并处；或者

（2）经简易程序判处 5 000 元以下的罚款或两年以下的监禁，或两者并处。

3. 法院除可根据本条规定对第八条第（2）款规定的违法行为给予任何处罚外，亦可命令没收从事或用于属违法事项的任何活动的船舶或设备并交与政府。

海洋边界法

（1978 年 11 月 1 日第 20 号法案）

第一部分 序　言

第一条 简称

本法可称为《1978 年海洋边界法》。

第二条 解释

为本法之目的：

“格林纳达的船舶”或“格林纳达的构造物”指船舶或设施：

（1）完全属于格林纳达公民,或其成员或股东均是格林纳达公民的组织，不论该组织是否是公司；或者

（2）经部长书面证明，其所有权与格林纳达有实质的经济联系，为本法之目的而被认定为格林纳达的船舶或设施；

“基线”的含义为 1978 年《格林纳达领水法》第四条所确定；

“专属经济区”或“区域”指根据第三条第（1）款或第（3）款建立的海域；

“鱼”包括海洋鱼类、甲壳动物、海胆类、鲸类、鼠海豚、软体动物或其他海洋动物，也包括海洋植物；

“渔业”是指：

（1）捕获、捞取或收获鱼类；

（2）可合理地期待会产生鱼类的捕获、捞取或收获结果的任何活动；或者

（3）有关或准备鱼类的捕获、捞取或收获或上述（b）项所述行为的任何海上活动；

“渔船”指用于或通常用于捕鱼、补给和辅助正在海上从事与捕鱼有关的任何活动的另一船舶的任何船舶，包括大船、小船或其他船只。

“外国渔船”“外国船舶”或“外国设施”指属于外国的渔船、船舶或设施；

“外国”指格林纳达之外的国家；

“内水”的含义为 1978 年《格林纳达领水法》第五条所确定；

“海洋养护官员”指依据第十四条被指定为海洋养护官员的人员；

“部长”指负责对外事务的部长；

“里”指国际海里；

“船舶”包括各种船只、小艇或各种海上航行器；

“结构”包括任何人工岛屿、离岸码头或离岸设施；

“领水”，对格林纳达而言，其含义为 1978 年《格林纳达领水法》第三条确定，并包括内水。

第二部分经　济　区

第三条　专属经济区

1. 建立邻接领海的专属经济区，以领海的向海界线为其内部界限，以受本条第 3 款限制的、其各点与领海基线或负责对外事务的部长以命令制定的基线最近各点的距离为 200 海里的界线为外部界限。

2. 根据本条第 1 款颁布的命令应经议会通过，并依法定程序公布。

3. 即使本条第 1 款有规定，若依据本条第 4 款确定的格林纳达与任何相邻或相向国家的中间线距离领海基线不足 200 海里，专属经济区的外部界限依据格林纳达与该国的协定确立，如无此类协定，中间线为外部界限。

4. 中间线是其上各点与领海基线和经部长承认的任何相邻或相向国家领海基线上最近点距离相等的一条线。

5. 根据本条第 3 款缔结的协定应提交议会，并依法定程序公布。

第四条　在海图或地图上标明专属经济区的界线

1. 部长应敦促在大比例尺地图或海图上标明专属经济区的界线，并依法定程序公布该地图或海图。

2. 部长应制定本条第 1 款提及的地图或海图的安全存放地，安全存放规则，并应通过公告规定公众可以查阅地图或海图的场所以及可以取得核准副本的地点。

第五条　对专属经济区的权利与管辖权

格林纳达政府享有：

（1）有关专属经济区以下事项的所有权利和管辖权：

①勘探、开发、养护、保护或管理海床、底土和上覆水域中的生物与非生物自然资源；

②建造、维护或使用与勘探或开发专属经济区资源、管理和航行安全或任何其他经济目的有关的结构或设施；

③授权、管理或控制科学研究；

④海洋环境的保全和保护，以及海洋污染的防止和控制；

⑤有关经济性勘探和开发专属经济区的任何其他活动；以及

（2）为国际法认可的对专属经济区的任何其他权利与管辖权。

第六条 专属经济区资源的开发

1. 在本法的限制下，除非根据格林纳达政府签署的协议或部长授予的许可，任何人不得在专属经济区：

（1）勘探或开发任何资源；

（2）进行任何搜索或发掘；

（3）进行任何研究；

（4）钻探或建造、维护或操作任何构造或设施；或者

（5）进行任何经济性活动。

2. 本条不适用于格林纳达公民在或从格林纳达船舶上的捕鱼。

3. 任何人违反本条即以违法论处，并应

（1）经公诉程序判处不超过 5 万美元的罚款或不超过 5 年的监禁，或两者并处；或者

（2）经简易程序判处不超过 2 万美元的罚款或不超过两年的监禁，或两者并处。

此外，法院亦可命令没收与犯罪有关的任何船舶、设施、设备、装置或物品。

第七条 航行、飞越和铺设电缆等自由

在本法第八条和第十一条的限制下，在专属经济区之中或之上，不得限制或禁止任何国家的船舶和飞机享有航行和飞越的自由，铺设海底电缆和管道的自由，以及与航行和通信有关的为国际法所承认的海洋其他国际合法用途。

第八条

1. 总督可以通过命令对任何法令作出例外规定和修改，并将之扩大适用于专属经济区或其任何部分。被扩大适用的法令对专属经济区有效，等同于其由本法实施。

2. 依据本条发布的命令应经参议员和众议院通过。

第九条 法院管辖权

1. 为实施本法和依据本法第八条适用于专属经济区的任何其他法令，法院的管辖权和权力及于专属经济区，如同专属经济区是格林纳达领土的组成部分。

2. 若根据本法或依据本法第八条适用于专属经济区的任何法规，某一犯罪行为经简易程序或公诉程序审判是可处罚的，该罪行可由被指派到任何地区的治安法官追究或裁量，并且该治安法官享有《法官条例》授予的所有权力、特权、权利和管辖权。

3.《法官条例》授予治安法官的准刑事与民事管辖权，在涉及专属经济区时，得由被指派到任何地区的治安法官行使。

4. 根据本法授予法院的管辖权和权力不妨碍任何其他法律授予该法院的或可由该法院行使的任何管辖权。

第十条　违法行为发生地

1. 在法院有关专属经济区的任何法律程序中，除有相反证据证明，宣称某一罪行发生在专属经济区内的证词应作为犯罪地在专属经济区内的初步证据。

2. 为授予格林纳达法院管辖权的任何法律的目的，某一事件应视为发生在格林纳达，只要：

（1）该事件发生在专属经济区内的任何船舶、结构和设施之内、之上、之下、其上，或与之有关，或发生在距该结构或设施 500 码的水域范围之内；

（2）如果发生在格林纳达，该事件将构成犯罪，或引起准刑事程序或民事诉讼。

第三部分 专属经济区内的捕鱼

第十一条　在专属经济区或领海捕鱼的许可

1. 任何人不得在专属经济区或领水之内捕鱼，除非：

（1）是格林纳达的公民；

（2）是依据本条第 4 款授予的许可证的持有人；或

（3）有格林纳达政府签订的与之有关的协定。

2. 船长或外国船舶的其他负责人不得准许船舶用于在专属经济区或领海内捕鱼，除非该船舶上有依据本条第 4 款授予的有效许可。

3. 外国船舶缺乏依据本条授予的有效许可，其船长或其他负责人不得准许或促使该船舶进入专属经济区，除非是为了行使本法第七条提及的或依据第六条签订的协定授予的航行自由；而且，若船舶依据许可或协定进入专属经济区，船长或其他人不得促使或准许该船舶在实现其进入专属经济区的目的后或协定到期后仍在专属经济区停留。

4. 部长可以授予：

（1）非格林纳达公民的个人；

（2）外国渔船

进入专属经济区、领水或其任何指定部分捕鱼的许可。

5. 凡违反本法或依据本法授予的许可的条件或限制即以违法论处，并经简易程序判处不超过 2 万美元的罚款或不超过两年的监禁，或两者并罚。法院亦得在此之外命令没收与所犯罪行有关的任何船舶、渔获、渔具、设施、设备或物品。

第十二条 许可的内容

依据本法第十一条授予某一船舶的许可包括：

（1）所有人或承租人的姓名；

（2）船舶的名称；

（3）对船舶的描述；

（4）对指定渔区的描述；

（5）允许捕鱼的期间或时间以及授权的航次；

（6）允许捕捞的鱼类的描述和数量；

（7）捕鱼的方法；

（8）渔获或部分渔获到岸的有关条件；

（9）渔获到岸的港口或地点名称；

（10）任何渔获的获准用途；以及

（11）部长同意的任何其他措辞或条件，包括应付费用。

第十三条 许可的变更、吊销或暂停

如果部长认为必要或适宜，可以变更、暂停或吊销依据本法第十一条授予的许可。

第四部分 海洋养护官员

第十四条 养护官员

为本法之目的，可以指定下列人员为海洋养护官员：

（1）渔业部门的渔业官员；

（2）格林纳达军队的成员；

（3）警察部队的成员；

（4）海关官员；

（5）海岸护卫队官员；以及

（6）部长同意的任何其他人员。

第十五条 养护官员的权力

1. 在履行职责时，海洋养护官员可以对以下行使本法授予的所有权力：

（1）在海上或港口的格林纳达船舶或设施；

（2）合理怀疑被用于违反本法或规章的捕鱼或任何其他活动的外国船舶或设施。

2. 在根据本条履行职责期间，海洋养护官员可以：

（1）合理地召集任何人协助；

（2）使用合理必要的武力；

（3）为便于履行职责，要求任何人为合理必要的任何事宜；

（4）命令任何船舶或设施停止；

（5）登临任何船舶或设施；

（6）搜查或检查任何船舶、设施，或船上的任何渔获、设备或物品；

（7）要求船舶或设施上的任何人提供与该船舶、设施或其自身有关的任何文件或物品。

3. 海洋养护官员若有合理理由怀疑任何人，包括船舶或设施上的任何人员从事了本法或其他规章规定的违法行为，无须授权或其他程序即可：

（1）扣押该船舶或设施以及任何渔获、渔具或其他被怀疑用于违法行为的设备；

（2）逮捕其怀疑的人员。

4. 若根据本条第 3 款扣押船舶、设施或物品或逮捕某人，在可能的情况下，海洋养护官员应尽快将该船舶、构造物或物品或该人带至格林纳达港口，并在合理期间将被逮捕的人员交地方法院，以便其对与引起扣押或逮捕的罪行有关的指控进行答辩。

5. 若在依据本条第 3 款扣押后的一个月内无法得知所有人或无任何权利主张，法院得命令没收依据该款被扣押的任何船舶、设施、渔具或其他设备、装置或物品。

第十六条 易腐坏渔获的出售

1. 为避免依据本法第十五条被扣押的任何渔获的损坏或腐烂，海洋养护官员可以渔业负责部门的渔业官员指定的方式出售该鱼。

2. 依据本条第 1 款出售渔获所得的钱款应归入国库。

3. 依据本条第 1 款出售渔获的海洋养护官员应向被扣押的渔获的所有人提供收据，载明：

（1）出售日期；

（2）渔获数量；

（3）实际出售数额。

该收据应由该官员签字。

4. 若法院驳回依据本法第十五条对某人提出的指控，只要该人所有的渔获被出售，法院无论如何都应命令向该人支付不超过实际销售数额的赔偿。

5. 依据本条第 4 款应支付的赔偿金应由国库负担并支出。

第十七条 责任的免除

政府对海洋养护官员或渔业官员善意履行本法规定的职责而实施的行为不负任何责任。

第五部分 一般规定

第十八条 普通违法行为

任何人——

（1）在海洋养护官员执行职务时，袭击、抗拒、妨碍或恐吓该官员或任何协助人员；

（2）在海洋养护官员执行职务时，对其使用下流、诽谤性或侮辱性语言；

（3）妨碍或阻挠海洋养护官员执行职务；

（4）以任何酬金、贿赂、许诺或其他诱惑方式，阻碍海洋养护官员执行职务；

（5）未经海洋养护官员授权，挪动、改变或干涉依据本法第五条扣押的任何物品；

（6）违反本法中未规定任何刑罚的条款或其他规章——

有以上违法行为，应以违法论处，并应经简易程序处以 5 000 美元的罚款或 2 年监禁，或两者并处，并且法院亦得在此之外命令没收与犯罪有关的任何船舶、构造、设备、设施或物品。

第十九条 扣押财产的返还

在本法第十六条的限制下，法院可以命令将依据本法第十五条第 3 款扣押的财产返还给财产被扣押人或声称是财产被扣押人的人员，若：

（1）法院驳回依据本法或规章对此人提出的指控，并认为财产的返还符合公平利益；

（2）在依据该款扣押后的合理期间内，不对此人提起指控。

第二十条 规章

1. 部长一般可以为实施本法条款制定规章，特别是关于以下事项：

（1）与勘探、开发和保护专属经济区资源有关的任何活动；

（2）与经济性勘探和开发专属经济区有关的活动；

（3）专属经济区内结构和设施的安全与保护；

（4）授权、控制和管理专属经济区内的科学研究；

（5）与专属经济区有关的海关和其他财政事项；

（6）海洋养护官员服务的职责、权力、职能和条件；以及

（7）依据本法应支付的费用。

2. 依据本条制定的规章应经议会通过，并依法定程序公布。

第二十一条 指示

部长可以指示处置或释放法院依据本法或规章命令没收的任何船舶、构造、设备、设施或物品。

第二十二条 生效

本法应于部长在政府公报上的公告中的指定之日生效。

危地马拉
Guatemala

（英文文本截止于 2010 年 12 月 9 日）

危地马拉共和国宪法
（1965 年 9 月 5 日）

第一部分 民族、国家和政府

第一章 一般规定

…………

第三条

在不妨碍符合法律和国际条约与协定规定的海上和空中航行自由的情况下，危地马拉对其领土，包括陆地、底土、大陆架、领水及其上空，以及其中的自然资源和财产行使完全的主权。

…………

第三部分 社会保障

第五章 社会经济体制

…………

第一百二十九条

以下属于国家：

…………

4. 海洋、陆地、大陆架和领空，其范围和界限由法律或缔结的国际条约确定。

5. 蕴含碳氢化合物、矿物质和任何其他有机或无机物质的底土。

…………

第一百三十四条

对碳氢化合物、矿物质和其他自然物质的技术性合理开发宣布为公用并且是必需的。

开发碳氢化合物、矿物质和其他自然物质的权利应符合法律规定，在不超过 40 年的时间内行使，且有权延展 20 年。

…………

关于领海宽度和设立专属经济区的第 20-76 号立法令

（1976 年 6 月 9 日）

危地马拉共和国国会，

考虑到危地马拉国海岸的海洋资源构成其居民的遗产，为这一代和下一代的利益必须受到保护；

考虑到这些资源已是各种外国渔船开采的对象，因此不利于保护；

考虑到国际社会已就领海范围和为沿海国受益而开发其他海域的必要

性形成多数一致；

考虑到亦有国际协定对水下大陆架和海床的勘探和开发以及不损害人类权利的沿岸国利益作出基本规定；

考虑到根据《共和国宪法》第三条规定，在不妨碍符合法律和国际条约与协定规定的海上和空中航行自由的情况下，危地马拉对其领土，包括海床与底土、大陆架、领水及其上空，以及其中的自然资源和财产行使完全的主权和控制；

考虑到正如 1941 年 4 月 21 日第 2535 号议会立法令所确认的，危地马拉从 1939 年起已宣布其领水从低潮线延伸 12 海里；

考虑到国际社会已成功确立协调国家不同观点的海洋法原则；

考虑到根据《共和国宪法》第一百二十九条第 4 款规定，潮汐区域、大陆架和领空是国家财产，其范围和界限应由法律或正当缔结的国际协定确定，并且此后由共和国国会划定其行使权利、管辖权和主权的海域范围；

行使《共和国宪法》第一百七十条第 1 款授予的权力；

颁布以下法律：

第一条

危地马拉重申对在其陆地领土和内水之外，邻接其海岸的一带海域的主权。该海域作为领水，从相关基线起延伸 12 海里。危地马拉的主权亦及于领海的上空及其海床与底土。

第二条

所有国家的船舶，不论是否属于沿海国，得依据国际法享有无害通过领海的权利。

第三条

危地马拉共和国建立专属经济区，其应从测量领海宽度的基线量起延伸 200 海里。该区域应包括：

（1）以勘探、开发、养护和管理可再生和不可再生自然资源为目的，对大陆架（海床和底土）、海床、底土和上覆水域的主权权利。

（2）与建造和使用人工岛屿、设施和类似结构有关的专属权利和管辖权，包括属于海关、财政、卫生和移民的法规。

（3）关于以下事项的专属管辖权：

①勘探和经济性开发该区域的其他活动，比如利用海水、海流和风力生产能；

②科学研究。

（4）关于海洋环境保全的管辖权，包括污染的控制和消除。

（5）可能源于对该区域管辖权的其他此类权利和义务。

第四条

危地马拉承认其他国家，不论沿海国还是内陆国，在专属经济区内有航行与飞越自由，铺设海底电缆管道的自由，以及受政府代表参与限制的与这些自由有关的海洋其他国际合法用途。

第五条

主管机关得实施与在领海中、专属经济区中、大陆架（海床和底土）上和海床上捕鱼、种群保护、污染海洋和其他相关活动有关的法案和规章。

在执行有关法律和规章时，有关领海的法律和规章在适用于专属经济区性质的情况下得适用于专属经济区。

第六条

行政部门得与相邻沿海国缔结相关协定，并可为与捕鱼或勘探、开发领海和专属经济区有关的任何其他活动颁发许可证，并执行相关立法。

第七条

有资格的海军官员得作为代表，参与危地马拉代表团出席有关海洋问题的会议。

第八条

危地马拉军队应负责确保共和国对其领水和专属经济区的权利得到尊重。

第九条

本法于政府公报公布之日生效。

圭亚那
Guyana

（英文文本截止于 2009 年 5 月 22 日）

1977 年海洋边界法
（1977 年 6 月 30 日第 10 号法律）

圭亚那议会制定有关圭亚那的领海、内水、大陆架、专属经济区和渔区事项的法令如下：

第一条 简称与生效

本法规定有关圭亚那的领海、内水、大陆架、专属经济区和渔区的事项。

（1）本法可称为《1977 年海洋边界法》。

（2）本法第三部分将于总理命令指定的日期生效。

第二条 解释

在本法中：

"大陆架"指圭亚那的大陆架。

"专属经济区"指第十五条所称圭亚那的专属经济区。

"鱼类"包括全部或任何一种海洋、港湾或淡水鱼类、甲壳类、鲸类、海豚、海牛、软体动物或其他海水或淡水养殖动物。

"渔区"指依第二十三条建立的圭亚那的渔区。

“捕鱼”是指：

（1）捕捞、取得或收获鱼类；

（2）试图捕捞、取得或收获鱼类；

（3）可合理地期待得到对鱼类的捕捞、取得或收获结果的任何其他活动；

（4）为本款（1）项、（2）项和（3）项中所指的任何活动进行任何补给和辅助的海上作业，但不包括科学研究船舶进行的任何科学研究活动。

“渔船”是指用于、准备用于或通常用于下列活动的任何船舶，包括小艇、大船或其他船只：

（1）捕鱼；或者

（2）帮助、协助一艘或多艘从事海上任何与捕鱼有关活动的船舶，该活动包括但不限于，准备、补给、贮藏、冷冻、运输或加工。

“圭亚那渔船”指在圭亚那登记的渔船。

“外国渔船”指未在圭亚那登记的渔船。

“海里”指单位长度为 1 852 米的国际海里。

“领海”指圭亚那的领海。

第一部分 领　海

第三条　领海

1. 根据本法第三十四条，领海以本法第七条提及的基线为其内部界限，由一条其每一点与基线最近点距离为 12 海里的线为其外部界限的海洋区域组成。

2. 任何法律中提及的领海，在本法令生效后的任何时候，均依本条第 1 款解释。

第四条　内水

圭亚那的内水包括所有位于领海基线向陆一侧的海洋区域。

第五条　圭亚那的主权

圭亚那的主权及于并永远及于领海、领海下面的海床和底土及其上空。

第六条　外国船舶使用领海

1. 在不妨碍任何其他现行有效的成文法的情况下，所有外国船舶（包括潜水艇和其他潜水器在内的军舰除外）享有无害通过权。

2. 为本条的目的，只要无损于圭亚那的和平、良好秩序或安全，通过就是无害的。

3. 外国军舰，包括潜水艇和其他潜水器在事先通知圭亚那政府后方可进入或通过领海。

潜水艇和其他潜水器在通过领海时需在海面航行并展示其旗帜。

4. 部长可在全部或部分领海或对全部或部分领海行使其认为必要的权力或采取必要的措施，以便维护圭亚那的和平、良好秩序或安全。此种措施可包括暂停所有或任何外国船舶进入领海的上述区域，该暂停可以是绝对的，或者受其认为适当的例外和条件限制。

第七条 基线

1. 测算领海的基线是沿岸低潮线；在海岸线因河流而断开的地方，基线是一条连接在河流两岸海岸低潮线终止处的两点的直线。

2. 土地和测量部长可以通过命令，规定标出为本条第 1 款的目的划定直线的各点的地理坐标。

第八条 低潮线

1. 为本法第七条的目的，任何特定区域的低潮线是：在负责土地与测量的部门公开宣布的圭亚那政府关于该区域的最大比例尺海图上标明的平均大潮低潮线。在不存在此种海图的情况下，是英国海军部门关于该区域的最大比例尺的海图上标出的平均大潮低潮线。

2. 在任何法院的任何法律程序中，负责土地和测量的部长或其他授权的人签署有关下列事项的证明书，表明：

（1）任何区域的任何圭亚那政府的特定海图为该区域的最大比例尺海图；或者

（2）不存在某一区域的圭亚那政府海图，而该区域的任何特定的英国海军部门海图是该区域的最大比例尺海图，则该证明书应视为其所载事项的证据。

3. 若无相反证据，签署此种证明书的人应推定为正式授权的签署人。

第二部分 大 陆 架

第九条 大陆架

根据本法第三十四条，大陆架［根据所适用的法律，即“1954 年英国、圭亚那（疆界变更）枢密院令”，圭亚那疆界包括大陆架］包括领海界限以外、依圭亚那陆地领土的自然延伸，扩展到大陆边外缘的海底区域的海床和底土。如果从本法第七条所提及的基线到大陆架外缘的距离不足 200 海里，则扩展到 200 海里的距离。

第十条 完全和排他的主权权利

1. 圭亚那享有并永久享有对大陆架完全和排他的主权权利；

2. 在不妨害本条第 1 款规定的一般意义的情况下，圭亚那在大陆架享有：

（1）为勘探、开发、养护和管理全部自然资源的主权权利；

（2）建造、保有或操作人工岛屿、岸外设备、设施和其他为勘探和开发大陆架的资源、航行的便利或其他任何目的所必要的结构和装置的排他性权利和管辖权；

（3）准许、规定和控制科学研究的专属管辖权；

（4）保全和保护海洋环境及防止和控制海洋污染的专属管辖权。

第十一条 勘探或开发的许可或授权

除非根据及依照自然资源部部长颁发的许可证或授权书的条款，任何人（包括外国政府）不得勘探大陆架或开发其自然资源，或进行任何调查或挖掘；在大陆架上进行任何研究或钻探；为任何其他目的建造、保有或操作任何人工岛屿、岸外设备、设施或其他结构或装置。

第十二条 指定区域的宣布

总统可通过命令：

（1）宣布大陆架的任何区域及其上覆水域为指定区域；并且

（2）对下列事项作出其认为必要的规定：

①该指定区域内大陆架资源的勘探、开发和保护；

②该指定区域内人工岛屿、岸外设备、设施和其他结构和装置的安全和保护；

③该指定区域的海洋环境保护；

④有关该指定区域的关税和其他财政事项；或者

⑤通过建立航道、海道和分道通行制或不妨害圭亚那利益的保障航行自由的其他方式，使外国船舶进入和通过指定区域。

第十三条　增加立法的命令

总统可通过命令：

（1）将在圭亚那或其任何部分的任何现行法律附加其认为适当的限制及修改，扩大适用于大陆架或其任何部分（包括依据本法第十二条宣布为指定区域的任何区域）；并且

（2）做出其认为对方便该法令的执行所必要的规定。任何扩大适用的法律均应有效，如同该法律扩大适用的大陆架或其部分（根据情况，包括任何按本法第十二条宣布为指定区域的任何区域）是圭亚那领土的一部分。

第十四条　海底电缆和管道

在不妨碍本法第十条第 1 款的规定以及为保护圭亚那利益而可能采取任何必要措施的情况下，圭亚那政府不得妨碍其他国家在大陆架上铺设和维持海底电缆或管道。但铺设此种电缆和管道的路线划定须经圭亚那政府同意。

第三部分 专属经济区

第十五条　专属经济区

若总统考虑到国际法和国家实践认为有必要或适宜，其可用命令指定领海以外并邻接领海的一个区域为专属经济区。

第十六条　专属经济区与主权权利

在专属经济区内，圭亚那享有：

（1）以勘探、开发、养护和管理自然资源（包括生物资源和非生物资源）为目的的主权权利，以及利用海水、海流和风力生产能的主权权利；

（2）建造、保有或操作以勘探和开发区域内的资源，或为方便航行，或为任何其他目的所必要的人工岛屿、岸外设备、设施和其他结构和装置的专属权利和管辖权；

（3）授权、规定和控制科学研究的专属管辖权；

（4）保全和保护海洋环境及防止和控制海洋污染的专属管辖权；

（5）国际法所承认的其他权利。

第十七条 勘探或开发资源的许可或授权

除非根据及依照同圭亚那政府签订的协议或由自然资源部部长颁发的许可证或授权书，任何人（包括外国政府）不得勘探和开发专属经济区的任何资源、在专属经济区进行任何调查或挖掘，或进行任何研究或钻探，亦不得为任何目的在此建造、保有或操作任何人工岛屿、岸外设备、设施或其他结构或装置。

本法不适用于与圭亚那公民有关的捕鱼活动。

第十八条 指定区域的宣布

总统可通过命令：

（1）宣布专属经济区的任何部分为指定区域；

（2）对下列事项作出他认为有必要的规定：

①该指定区域资源的勘探、开发和保护；

②该指定区域内其他经济性开发和勘探活动，如利用海水、海流和风力生产能；

③该指定区域内的人工岛屿、岸外设备、设施和其他结构和装置的安全与保护；

④该指定区域内的海洋环境保护；

⑤有关该指定区域的关税和其他财政事项；

⑥通过建立航道、海道和分道通行制或不妨害圭亚那利益的保障航行自由的其他方式，使外国船舶进入和通过指定区域。

第十九条 扩大适用法律的命令

总统可以通过命令：

（1）将在圭亚那或其任何部分的任何现行法律附加其认为适当的限制及修改，扩大适用于专属经济区或其任何部分；

（2）作出其认为对方便该法令的执行所必要的规定。任何扩大适用的法律均应有效，如同该法律扩大适用的专属经济区或其部分是圭亚那领土的一部分。

第二十条 海底电缆和管道

本法第十四条的规定适用于在专属经济区的海床上铺设或维护海底电缆或管道，如同适用于在大陆架的海床上铺设或维护海底电缆或管道。

第二十一条 航行和飞越

在圭亚那行使其在专属经济区的权利的限制下，所有国家的船舶和航空器在该区域及其上空享有航行和飞越的自由。

第二十二条 本法第二部分和第四部分的例外或修改

根据本法第十五条发布的任何关于专属经济区的命令可对第二部分和第四部分各条款作出例外规定或修改。

第四部分 渔 区

第二十三条 渔区

在领海以外并邻接领海处设立渔区，其向海一侧的界限为其各点与领海基线的最近点距离 200 海里的一条线。

第二十四条 捕鱼行为规章

1. 渔业部部长在其认为必要或方便时，得通过命令制定捕鱼及其辅助性作业和安全维护的规则，包括有关渔船和渔具的识别和标志的规则。

2. 依据本条第 1 款发布的命令适用于：

（1）所有圭亚那渔船，以及该船和其船员所从事的活动，不论其在何处；以及

（2）渔区内的所有外国渔船，以及该船和其船员所从事的活动。

3. 若渔船或其船员不遵守依据本条发布的命令，在有船长、船主或船舶租赁人的情形下，应对其处以罚款。对初犯者罚款 1 000 美元；对再犯或累犯罚款 2 000 美元。

第二十五条 进入渔区捕鱼的限制

1. 渔业部部长得发布命令，指定在圭亚那以外的任何国家登记的渔船在渔区内捕鱼的特定区域，以及在该区域内可捕捞的鱼种和数量。

2. 未在依据本条第 1 款所指定的国家登记的外国渔船不得进入渔区，除非为了国际法或圭亚那政府与船舶所属国政府的有效条约所承认的目的。

任何为该目的进入渔区的船舶：

（1）在目的达到后应驶离渔区；

（2）在渔区内不得捕鱼。

3. 在依据本条第 1 款所指定的国家登记的外国渔船仅可在当时指定该国的区域内捕捞指定的鱼种和数量。

4. 若任何渔船违反本条规定，对应船长处以 20 万美元的罚款。法院若认定船长犯有违反本条规定的行为，可命令没收船上任何人所有或使用的渔具。

5. 本条适用于禁止或限制在圭亚那以外的国家登记的渔船在任何区域捕鱼，除非圭亚那政府与外国政府就有关船舶为科学研究的目的进行捕鱼所做的任何安排有特殊规定。

第二十六条 渔业官员

为本法的目的，依《渔业法》任命负责渔业的官员为渔业官员。

第二十七条 渔业官员的职权

1. 为执行本部分或依本部分作出的任何命令和规章的目的，渔业官员可对渔区内的任何渔船及位于渔区外任何地方的圭亚那船舶行使本条第 2 款至第 4 款授予的职权。

2. 渔业官员可携带或不携带被指派协助其执行任务的人员登临船只，并可为此目的，要求船只停航，并做可能便于登临的任何事情。

3. 渔业官员可要求船长和船上其他人员到场，进行他认为为本条第（2）款的目的而必要的任何检查和询问，特别可以：

（1）检查船上的任何渔获和装备，包括渔具，并要求船上人员做出他认为方便检查的任何事情；并可

（2）要求船上的任何人出示他保管和持有的有关船只和船上人员的任何证件，并可取得任何此种证件的副本。

4. 当渔业官员认为任何船上的任何人员有违反本法的行为时，可不经任何授权或其他程序，将船只连同任何网具、钓线、标桩或涉嫌用于违法活动的任何工具和器械一同扣留，并拘留船上的任何人。

5. 对根据本条扣留的任何船只和物品，拘留的任何人员，渔业官员应尽快将该船只、物品和人员带至他认为最近和方便的港口，对被指控的违

法行为提出指控，并将被拘留的人交付有审判权的法院审理。

6. 根据本条上述规定，在执行本法条款时，渔业官员应享有与《关税法》赋予关税官员同样的权力、权威和特权。

7. 法院可作出判决，将对任何此种船只、渔具、钓线、标桩、工具和器械采取如下措施：

（1）以法院认为适当的方式处理，如果法院判决任何人犯有依本条第 7 款应扣留船只、网具、钓线、标桩、工具或器械的违法行为。但是，在判决认为违法行为人并非违法行为船只的船主时，不应对该船发出此种命令，除非给予船主在法院陈述的机会；

（2）返还船主，如果在合理期间内无人起诉，或法院宣布被告无罪；

（3）在船主不明及在被扣留一月内无人主张权利的情况下，上缴国库。

第二十八条　渔获物

如经本法第二十三条第 2 款规定的检查发现，任何渔获物或其部分系违反本部分规定所得或占有，可将该渔获物或其部分予以扣留或扣押，并以农业管理局局长认为适当的方式出售。出售所得应上缴有管辖权的法院，并且

（1）在任何人根据本条规定被认为有违法行为，或违法人不明而出售所得缴付法院一个月内无人主张权利的情况下，上缴国库；

（2）在渔获人明确而又无人被起诉或被起诉人被宣告无罪的情况下，将渔获物交给捕鱼人。

但任何人不应因其疏忽或未行使本条授予的职权而承担责任。

第二十九条　渔业官员防止干扰捕鱼作业

如果渔业官员认为，圭亚那渔船或圭亚那与另一国家同为一国际公约缔约国的国家所属的渔船，其航行或所处位置干扰或可能干扰了渔区内正在进行或即将进行的捕鱼作业，他可要求该船离开或向他指定的方向或位置航行。

第三十条　渔业官员行使适用法律授予的职权

为了执行《商船法》（适用 1894 年《商船法》第四百一十八条）中适用于渔船碰撞的规则，渔业官员可对渔区内的任何渔船和渔区外任何地方的圭亚那渔船，行使适用的该法令第七百二十三条第（1）款所授予的职权，而不管该法是否提及其职权；该法令第二十七条、第二十九条和第七百二十三

条第 2 款所授予的职权亦如此适用，只要它们与前项职权有关。

第三十一条 根据本部分保护执法人员

任何根据本部分执行其职责或义务的人员，均有权受到《司法保护法》提供的保护。

第三十二条 违法

1. 渔区内任何渔船上或渔区外任何地方的圭亚那渔船上的任何人——

（1）没有遵守本法的要求，或没有回答渔业官员依据本法提出的问题；

（2）阻止或试图阻止其他任何人员遵守任何此种要求或回答此种问题；或者

（3）袭击正在行使本法所赋予的或基于本法而行使的任何职责的渔业官员，或妨碍任何此种官员行使任何此种职责，均为违法行为。

2. 依据本条的违法行为人，应处以 2 000 美元的罚款。

第三十三条 财产扣押令

当治安法院对法院依据本法对有违法行为的渔船船长、船主、船舶租赁人或船员判处罚款时，法院得：

（1）为收取罚款的目的，对船主及其船具、渔获物及违法行为人的任何财产发出财产扣押令；

（2）如果上述船只是外国渔船，扣押时间为 3 个月，自判定有违法行为之日或缴付罚款或执行扣押财产命令确定的罚款之日起计算，以先发生的时间为准。

第五部分 一般性规定

第三十四条 向海一侧界限的改变

总统考虑到国际法和国家实践认为有必要或适宜时，可用命令改变领海、大陆架、专属经济区和渔区向海一侧的界限。

第三十五条 协议确定海域划界

1. 圭亚那和与其海岸相邻的任何国家的领海、大陆架、专属经济区、渔区和其他海洋区域的界限，应由圭亚那与该国的协议划定。在没有达成此种协议之前，不得超出其每一点与测算圭亚那与该国领海宽度的基线的最近点距离相等的线。

2. 按照本条第 1 款规定达成的每一项协议，应于达成后尽快在政府公报上公布。

3. 本条第 1 款规定的效力，不受本法任何其他规定的影响。

第三十六条 海图

1. 土地与测量部部长可公布海图，标明本法第七条提及的基线、领海、大陆架、专属经济区、渔区及由第三十五条规定的协议划定的海洋界限，或按照海图的性质和比例尺，标明它们的任何部分。

2. 在任何法院的任何程序中，负责土地与测量的部长或其授权的人签署的、证明海图具有权威性和准确性的证明书，应被接受为其中所载事项的确凿证据。

3. 在没有相反证据的情况下，每一签署此种证明书的人应被推定为经正式授权签署的人。

第三十七条 刑事和民事法律的适用

1. 就本法第二或第三部分而言，任何作为或不作为是指：

（1）在指定区域内的岸外设备、设施或结构的上面或下面或人工岛屿上发生的，或在此种设备、设施、结构或岛屿周围 500 米的水域内发生；并且

（2）若发生在圭亚那，按照圭亚那有效的法律构成违法行为，应为该法的目的而视为发生在圭亚那。

2. 司法部长可发布命令规定，根据在命令中可能指出的在圭亚那有效的法律，解决在指定区域内或其任何部分的作为或不作为所引起的、与海床或底土的勘探或自然资源的开发有关的问题，并授予圭亚那任何法院对此种问题的管辖权。

3. 在不妨碍本条第 2 款规定和不受任何法律相反规定影响的情况下，对任何违反本法的行为的指控，可在任何有审判权的法院提出和审理。

4. 对发生的违法行为或任何发生在圭亚那的任何港口、水域或圭亚那上空的行为的确认，或者在违法行为发生在圭亚那的任何港口或地方的情况下，在任何指控或控诉中对该港口或地方的认定，应视为是充分的，除非被告作出相反的证明。

5. 本条授予任何法院的管辖权，不妨碍该法院或任何法院根据其他条款行使管辖权。

第三十八条 罚款

对任何违反或不遵守本法第二部分或第三部分规定者，应判处 5 000 美元的罚款。

第三十九条 公司犯罪

1. 当公司犯有违反本法或依据本法制定的任何法律的行为时，在发生违法行为时主管公司业务并对公司业务活动负责的每一人以及公司本身，均应视为犯有违法行为，并应受起诉和相应处罚。

但是，如果上述人员证明他对违法行为的发生不知情，或已采取了一切可能措施防止违法行为的发生，则不应依照本款的规定使他受处罚。

2. 虽有本条第 1 款的规定，在本法或根据本法制定的法律所指的违法行为人是公司时，若经证明此违法行为是经公司的任何董事、经理、秘书或其他职员的同意或默许做出的，或可归咎于他们的任何疏忽，该董事、经理、秘书或其他职员应视为犯有该违法行为，并应受起诉和相应处罚。

第四十条 公共检察长的事先批准

未经公共检察长的事先批准，不得因本法规定的任何违法行为对任何人提起诉讼。

第四十一条 制定规章的权力

1. 总统可为执行本法的目的制定规章。

2. 在不妨害前款权力的情况下，此种规章尤其可就下列所有或任何事项作出规定：

（1）对任何人在领海、大陆架、专属经济区或渔区内的行为的管理；

（2）对勘探和开发、养护和管理大陆架资源的活动的调整；

（3）对勘探、开发、养护和管理专属经济区资源的活动的调整；

（4）对本法第二、第三部分提及的人工岛屿、岸外设备、设施和其他结构及设备的建造、维持和操作的管理；

（5）为本法的目的，保全和保护海洋环境及防止和控制海洋污染；

（6）为本法的目的，准许、规定和控制科学研究的进行；

（7）有关本法第二、第三部分提及的许可证和授权书的费用或为任何

其他目的的费用；或者

（8）本条（1）项至（7）项所指的任何附带事项。

3. 总统在根据本条制定任何规章时，可规定对违反规章的行为处以 1 万美元的罚款和 6 个月的监禁。

第四十二条 修改任何法律使本法生效的权力

如在实施本法或根据本法扩大适用的任何法令时有困难，总统可发布命令对任何法律作出他认为为解决困难所必要的和适当的修正。

第四十三条 《渔业法》的修改

兹对《渔业法》修改如下：

1. 第二条中的修改项：

（1）在“鱼类”的定义中，“或淡水动物”改为“动物和养殖物或淡水动物和养殖物”。

（2）对“捕鱼”的定义修改如下：

“捕鱼”指：

①捕捞、取得或收获鱼类；

②试图捕捞、取得或收获鱼类；

③可合理地期待得到对鱼类的捕捞、取得或收获结果的任何其他活动；

④为本条①项、②项和③项中所指的任何活动进行任何补给和辅助的海上作业，但不包括科学研究船舶进行的任何科学研究活动。

（3）对“渔船”的定义修改如下：

“渔船”是指用于、准备用于或通常用于下列活动的任何船舶，包括小艇、大船或其他船只：

①捕鱼；或者

②帮助或协助一艘或多艘从事任何与捕鱼有关的海上活动的船舶，该活动包括但不限于准备、补给、贮藏、冷冻、运输或加工。

2. 将第二十三条改为第二十三条第 1 款并补充下列款项：

“2. 为本法之目的，下列人员亦为渔业官员，即：

（1）圭亚那国防部队的成员；

（2）警察部队的成员；

（3）关税和消费税部门的官员；

（4）为本法之目的任命的其他人员。”

3. 在第二十四条第 1 款中删除“与警察部队的任何成员”的字样。

第四十四条

因联合王国《1878 年领水管辖权法》构成圭亚那法律的一部分，应终止其效力。

1991 年专属经济区（区域指定）令

[依据 1977 年《海洋边界法》（1977 年第 10 号）发布的 1991 年第 19 号命令]

1. 本命令可称为“1991 年专属经济区（区域指定）令”。

2. 在领海之外并邻接领海，以其上各点与领海基线上最近各点之间的距离为 200 海里的线为外部界限的海域，特此指定为圭亚那专属经济区。

于 1991 年 2 月 23 日制定。

总统 H.D. 霍伊特

海　地
Haiti

（英文文本截止于 2009 年 1 月 16 日）

1972 年 4 月 6 日法令

…………

第二条

位于领海基线向陆地一侧的海域是海地共和国内水的一部分。

第三条

构成港口体系组成部分，并向公海延伸的永久设施视为海地共和国海岸的一部分。

…………

建立海地共和国 12 海里领海和 200 海里专属经济区边界的海地政府宣言

（1977 年 4 月 6 日）

海地共和国政府行使宪法和法律授予的完全国家主权、权利和权力，并且期望保护领土完整和在与其他加勒比国家的关系中捍卫国家的更高利益。

考虑到需要确保对海地共和国海床、底土和上覆水域中的自然、生物、矿产及其他资源进行经济性开发、保护和管理，

宣布对经济区的行政、管理和开发属于海地政府的专属权和主权；

重申其对邻接共和国海岸的水域的主权和专属管辖权是其国际政策的原则；

决定其专属经济区从测量领海的基线量起延伸至 200 海里。

海地共和国对其领土和建立了上述边界的管辖水域的上空行使排他的主权。

这些规定应于本宣言公布之时生效，并应通过外交渠道通知相关国家政府。

海地共和国政府一直以来都表示其对泛美理想的忠诚，并拥护有效的半球团结，始终准备与相关邻国进行双边或多边谈判。

第 38 号法令

（1977 年 4 月 8 日）

让 - 克洛德 · 杜瓦利埃（Jean-Claude Duvalier），共和国终身总统，

已经考虑到：

《宪法》第九十条与第九十三条；

1958 年 4 月 29 日在日内瓦通过，1959 年 10 月 26 日海地共和国批准的《领海、毗连区与大陆架公约》；

1972 年海地共和国在多米尼加共和国的圣多明各（Santo Domingo）签

署的《圣多明各宣言》;

划定海地 12 海里领水界限的《1972 年 4 月 6 日法令》;

前述法令第十一条;

划定 200 海里专属经济区界限的 1977 年 4 月 6 日海地政府宣言;以及

1976 年 8 月 21 日,议会法令暂停依据第十七条、十八条、十九条、二十条、二十五条、三十一条、三十四条、四十八条、七十条、七十一条、七十二条、九十三条(最后一段)、九十五条、一百一十二条、一百一十三条和一百二十二条(最后一段)规定的保证,并授予行政首长全权,因此,到 1977 年 4 月的第二个星期一,他都可以颁布效力等同法律的法令,其中包含其认为为保护国家领土和国家主权完整,加强秩序与和平,维持国家政治、经济和财政稳定,提高城乡人民福利以及保护共和国一般利益所必要的任何措施;

鉴于:

确定海地共和国的领水界限,并在共和国利益需要的任何时候与相关国家谈判必要协定是明智的;

国家边界确立了海地行使其主权的领土界限;

国家领土不仅包括陆地,还包括领空、领海及其海床和底土;

在经济改革的框架下利用海地共和国一切可获得的资源是可取的;

海域及其所覆盖的海床和底土是矿产、能源和其他资源的可观来源;并且

在行使主权时,国家有权在领海之外建立专属经济区;

基于对外事务和礼仪事务的部长和负责对内事务和国防的部长的报告,在咨询部长委员会之后:

特此颁布:

第一条

海地共和国享有主权的领海的界限应从邻接岛屿的低潮线或相应直线基线量起 12 海里划定。

第二条

海地共和国的内水和海岸维持 1972 年 4 月 6 日法令的第二条和第三条规定的原状。

第三条

海地将对其领海界限之内的海床、底土和上空行使完全主权。

第四条

毗连领海的区域应从领海外部界限向公海方向延伸 12 海里。

为保护其财政和税收利益以及安全，海地共和国根据相关国际法的规定，对该区域行使管辖权。

第五条

建立自领海基线起延伸 200 海里距离的海地专属经济区。

在该区域，海地共和国得行使：

1. 与海床、底土和上覆水域的自然资源，包括动物、植物或矿产的勘探、开发、养护和管理有关的主权权利。

2. 与人工岛屿、设施和结构的建造和使用有关的专属管辖权。

3. 与以下事务有关的专属管辖权：

（1）勘探或开发该区域的活动，例如利用海水、海流和风力生产能，以及

（2）科学研究。

4. 与海洋环境的养护，包括污染的控制和减少有关的管辖权。

5. 依据海地法律规定的任何其他权利和义务。

第六条

考虑到矿产和生物资源的合理使用和保护，海地将管理领水、毗连区和专属经济区的渔业。

第七条

在以上划定的界限内，海地将进行其认为必要的任何控制：

1. 确保航行安全和防止对其健康、海关和移民法律的违反；以及

2. 预防污染、毒害和可能危害海洋环境生态平衡的其他危害。

第八条

海地大陆架包括邻接海岸但位于领海之外，处于水下的海床和底土。它应延伸至其上覆水域的深度允许对该区域自然资源进行开发的地方。

第九条

海地将就勘探和开发大陆架自然资源对大陆架行使主权权利。

这些权利应是专属的。未经海地明确同意，任何人不得对大陆架进行

上述勘探或开发，即使海地自身并未进行任何此类活动。

海地共和国对大陆架的权利不依赖于其实质或形式的占领以及任何声明。

第十条

本法令于公布的 24 小时内生效。它应取代与其抵触的所有法律或法律条款、法令或法令条款，以及命令或命令条款。它应被公布，并应负责对外事务和礼仪，对内事务和国防、司法、农业、国家资源和乡村发展、商业和工业以及财政经济事务的部长的要求并在其权限内实施。

完成于独立第 174 年，1977 年 4 月 8 日。太子港国会大楼。

图书在版编目（CIP）数据

世界海洋法译丛.美洲卷 Ⅰ / 张海文，李红云主编.— 青岛：
青岛出版社，2017.12
ISBN 978-7-5552-6360-9

Ⅰ.①世… Ⅱ.①张… ②李… Ⅲ.①海洋法－美洲
Ⅳ.① D993.5

中国版本图书馆 CIP 数据核字（2017）第 314182 号

书　　名　世界海洋法译丛·美洲卷 Ⅰ
主　　编　张海文　李红云
出 版 人　孟鸣飞
出版发行　青岛出版社（青岛市海尔路 182 号，266061）
本社网址　http://www.qdpub.com
责任编辑　宋来鹏
封面设计　张　晓
照　　排　青岛双星华信印刷有限公司
印　　刷　青岛国彩印刷有限公司
出版日期　2017 年 12 月第 1 版　2017 年 12 月第 1 次印刷
开　　本　16 开（710mm × 1000mm）
印　　张　16.5
字　　数　250 千
书　　号　ISBN 978-7-5552-6360-9
定　　价　180.00 元
编校印装质量、盗版监督服务电话　4006532017　0532-68068638